打ち方は 教えない。

青木 翔

はじめに

42年ぶりのメジャーチャンピオン、渋野日向子

「いいんじゃない？」

「本当ですか？」

キャディと選手として、そんなやり取りをした後、彼女は約5mのバーディパットを思い切りよく打ち抜き、**日本人として史上2人目の女子メジャーチャンピオンになりました。**

初メジャー、それどころか海外の試合自体が初めてだった、僕と教え子の渋野日向子（いつもは〝しぶこ〟と呼んでいます）。

「いい機会だから、経験を積みに行こう」と臨んだ大会で、想定をはるかに上回る大きな結果を出したのです。

2019年の8月。**僕が彼女のコーチとしてタッグを組みはじめてから、わずか17カ月後の出来事でした。**

その後もしぶこは快進撃を続けました。帰国後の国内ツアー。世間から大きな注目が集まる中で、20歳のツアールーキーは最終的に日本でも4勝を挙げ、賞金女王争いを繰り広げたのです。

こうしてわずか半年で、日本を代表する選手に成長したしぶこですが、2019年シーズンが始まる前の注目度は高くなく、〝黄金世代〟と呼ばれる同学年の選手たちの中でも決して実力が突出していたわけではありませんでした。

そんな「フツーの選手」が、なぜ半世紀近くも手が届かなかった偉業を成し遂げられたのか。それをこの本で明らかにしたいと思います。

「指導」ではなく「応援」するコーチ

あらためて、僕、青木翔はゴルフのコーチです。しぶこをはじめ何人かのプロゴルファーと、それからジュニアやアマチュアにも教えています。小学生からトッププロまで何でもござれ!

でもゴルフのスウィングは、ほぼ教えていません。かと言ってフィジカルを鍛えるトレーナーでもなければ、メンタル指導するトレーナーでもありません。

では何をしているのか。

僕の役割は選手を応援し、気づきを与え、正しい方向に導くことです。

レッスンシーンは、よく見る練習風景とさほど変わらないかもしれません。けれども僕のレッスンは、今までゴルフ界で常識とされてきた教え方とは一線を画します。

正直、それが要因でメジャーチャンピオンが誕生したのかどうかは分かりません。なにせ僕だって教え子が世界一になったのは、初めての経験ですから。

でも、**これまでとは違った方法で育った20歳のツアールーキーが、初めて挑んだ海外メジャーを制したのはまぎれもない事実。**そして彼女に続く教え子たちも着実に力をつけ、プロになりトップ選手への階段を昇っています。


ゴルフ界ではクラブやボールなどの道具と、体の動かし方であるスウィングは、着実に進化を続けています。ですが、こと**「教え方」に関してはあまり着目されることがなく、長い間大きな変化もありませんでした。**

これまでとは違う指導法でメジャーチャンピオンが生まれたことをきっかけに「教え方」に光が当たれば、日本のゴルフ界はさらに発展していけるのではないか。頭の隅っこでは、そんな大それたことも考えています。

接し方を変えれば、選手も変わる

でも僕だってコーチを始めた当初から、結果を出し続け、選手を導けていたわけではありません。

なんでこんなに一生懸命教えているのに、結果が出ないんだろう。こちらの思いが伝わらないんだろうと、たくさんの悔しい思いをしてきました。

その中でたどり着いたのが、**選手が自主的に課題を解決できるように成長をサポートする〝コーチング〟という指導法です。**

僕のようなコーチや上司、親などの教える立場の人は、教え子になかなか結果を出してあげられなかったり、思うように成長をさせられないという悩みを持っているのではないでしょうか。

この本ではしぶことの取り組みや、僕が行っているコーチングを交えて、**プ**

レーヤーを成長させる方法を紹介したいと思います。

もちろんゴルフの話もしますが、他のスポーツや仕事、そして子育てでも、教える立場の人や親御さんが応用してもらえることを意識して書きました。

〝コーチング〟が理解できれば、きっと子どもや部下、教え子との関係性がガラリと変わるでしょう。少なくとも、「なんで思った通りに成長してくれないんだ」という悩みはなくなります。

接し方を変えれば、選手は変わります。そして結果も変わる。

今、教育やビジネスの現場では「正しく解く力よりも、考える力を伸ばす」という方向に大きく舵が切られています。本書は、求められることが大きく変わる時代を生き抜くヒントにもなるはずです。

もちろん、ゴルフの上達にも！

目次

2 はじめに

Chapter 1
13 「コーチング」の申し子 渋野日向子
14 プロテストに落ちた選手がメジャーチャンピオンに
18 「下手」だけど結果を出せる選手
22 「青木さん、あなたは私のコーチです」
26 運命の12番ホール「じゃあ、いけ！」

Chapter 2
31 答えを教えない「コーチング」とは
32 コーチの役割は気づかせること
36 気づかせる「コーチング」と教える「ティーチング」
40 「コーチング」は「メンタル」だけを教えるものではない

Chapter 3

「考える力」が上達を生む

44 僕が「コーチング」に行きついた理由
49 「考える力」が上達を生む
50 〝越境通学〟する子は成長が早い？
54 頭を使えば同じ練習でも10倍の効果がある
58 放っておいても上手くなる「自立選手」の育て方
62 選手が自立するほどコーチの役割は減っていく
66 僕があえて計測機器を使わない理由
70 コーチとして目指すのは「自走人生」を歩んでもらうこと
コラム 74 目標は内容よりも、設定方法が大事 青木流「目標設定シート」

Chapter 4
79 「失敗」することの重要性
80 人は答えではなく失敗によって成長する
84 失敗すると分かっていても笑顔で送り出す
88 失敗するときは豪快に大ゴケしたほうが学びは大きい
92 コーチに必要な我慢をする能力

Chapter 5
97 教えることと教えないこと
98 まず教えるのはプレーする楽しさ
102 考えても気づかないことは丁寧に教える
106 具体的な動かし方は教えない
110 能力がグンと伸びる覚醒の起こし方
114 しぶこが1年中基礎練習をやり続ける理由

Chapter 6
119 世界を獲った練習法を大公開！
120 すべての基本 10ヤードアプローチ
122 全ショットに役立つ 片手打ち
124 しぶこを覚醒させた クロスハンドドリル
126 死ぬまで使える グリップの作り方
128 自信みなぎる パッティングアドレス
130 タッチを養う テークバックなしストローク
132 しぶこが日暮れまで行う パッティングドリル

Chapter 7
135 モチベーションの保ち方
136 モチベーションはすぐには上がらない
140 欠点の修正は後回しにする
144 モチベーションを下げない怒り方のコツ

Chapter

8

負け癖メンタルの回避方法 148

今日からすぐに使えるコーチと選手の実践コミュニケーション 153

考えや思いを言葉に出してみる 154
青木流 信頼関係の作り方 158
距離を縮めるちょっとしたテクニック 162
子どもの気づきを生む「でも」の魔力 166
「褒める」の上手な使い方 170
さまざまなコミュニケーションの取り方 174
相手はすぐに変わらない 変えられるのは自分だけ 178

特別対談 吉井理人×青木翔 182

あとがき 188

デザイン
小森マサト
編集協力
SHOTANOW
撮影協力
パインレークゴルフクラブ

Chapter

1

「コーチング」の申し子

渋野日向子

プロテストに落ちた選手がメジャーチャンピオンに

約1年間を通して数十試合が行われる、ゴルフのツアートーナメント。その中に数試合だけ、〝メジャー〟と呼ばれる大会があります。テニスのグランドスラムや競馬のクラシックのような、他の試合とは一線を画す特別なものです。

メジャーには歴史があり、難コースで行われることが多く、そして賞金も高額。トップ選手たちは1年間をかけてそこにコンディションを合わせ、名誉と誇りをかけて挑みます。

女子米ツアーのメジャーは今は全部で5試合ありますが、日本人は1977年に樋口久子プロが全米女子プロゴルフ選手権で優勝したのが唯一の勝利。
その後、長い間メジャーチャンピオンが生まれなかったことで、**「体格で劣るから不利」とか、「何シーズンも海外の環境に慣れないと勝てない」などと言われ、いつしか日本人にとって、手の届かない夢のようなものになってしまっていたのです。**

そんな状況でしぶこは、42年ぶりにメジャー優勝を遂げました。しかも彼女は**その年、初めてレギュラーツアーに本格参戦した、弱冠20歳のルーキー。**
長い年月とともに高く分厚くなってしまった壁を、躊躇なくガツンとぶち壊したその偉業は、日本のみならず世界を大いに驚かせました。

その衝撃の大きさは、彼女が世界的にほぼ無名の選手だったことも影響しているでしょう。

シーズン前までは、日本ツアーにおける1年間を通した出場権すらなく、全英女子オープンも「6月末の賞金ランキング5位以内」という条件をギリギリでつかんでの出場でした。

それもそのはず。しぶこはこの**シーズンの前のプロテスト（2017年）で、合格ラインに大きく及ばず、プロの資格を得ることができなかった選手なのです。**

プロ1年目の5月に行われた国内メジャー「ワールドレディスチャンピオンシップ」でツアー初優勝を挙げ、ここから彼女のシンデレラストーリーが始まった

「下手」だけど結果を出せる選手

しぶこと出会ったのは、その合格を逃したプロテストの直後でした。

僕が契約をしているピンゴルフジャパンのアマチュア担当さんから、「青木さん、一度見てほしい選手がいる」と打診されたのがきっかけでした。

じゃあ、ということで早速ラウンドへ。

特に何を話すでもなく回っていたのですが、気になる部分があったので、パー3のティショットで「ボールの先のターフを取る意識で打ってみてよ」と伝えました。

するとしぶこは、**逆に手前の芝をガサーッと取っていったんです。**力のないボールがフワーッと上がってぽとりと落ちました。思わず「嘘でしょ！」と声に出し爆笑してしまった僕。

ボールの先のターフを取るためには、上から打ち込むスウィングにならなくてはいけませんが、それとはまったく逆の、下からすくい打つ形になっていたのです。僕はそれまでジュニアを中心に多くの選手と、何人かのプロを指導してきましたが、**「おぉ！ そこから教えなきゃならないか。結構大変だな……」という感想を持ったことを覚えています。**

と同時に、引っかかるものも感じていました。しぶこはその年、受験したプロテストの2次予選でただ1人、3日間で二桁の10アンダーというビッグスコアを出していました。

技術レベルは高くないけれど、結果が出せるというのはプラスアルファの要素がある証拠。もしくは強運の持ち主（笑）。

どちらにせよスポーツ選手には欠かせないものです。

しぶこは全英女子オープンで優勝した際、ショットの球筋は左へ曲がるドローボールのみで、アプローチもフワッと上げるものとピッチ&ランしか打てませんでした。

これまでメジャーの大会を制するのに必須と言われていた、**球筋の打ち分けや、豊富なアプローチのバリエーションを持っていなかったのです**（今もあまりありませんが……）。

でも彼女は結果を出した。

この時すでに「自分の頭で最善の方法を考え選択する」という素地を持って

いたのです。

またドライバーショットでは、よくボールを曲げてしまっていましたが、それでも毎回、臆することなくフルスウィングをしていました。

ゴルファーは技術レベルが上がるにつれ、球が曲がるのを嫌がって思い切り振れなくなることがありますが、そのような気配はまったくありませんでした。

この思い切りのよさも、のちに彼女の大きな武器となっていきます。


そんな初めてのラウンド後は、大ダフリの要因であるすくい打ちを抑制するクロスハンドのドリル（124ページを参照）だけを教えました。そのドリルでも、見事に空振り！

次シーズンの出場権をかけたQT（クォリファイングトーナメント）は、もう翌週。おいおい大丈夫か、というセリフを胸の中にしまい込み、その日はお開きになりました。

「青木さん、あなたは私のコーチです」

それから数週間後。妻の実家でくつろいでいたとき、しぶこから着信がありました。

試合の期間中でもないし、何だろうと思い電話に出ると、「報告があります」とかしこまった一言。それに続いた言葉が今でも忘れられません。

「青木さんは私のコーチです」

「はぁ？ それ報告じゃなくてお願いでしょ（笑）」

「あ！ そうだ。よろしくお願いします」

今、思い返しても衝撃的なやりとり。かくして僕と、技術は粗削りだけれどなんだかスケールの大きさを感じさせる女子ゴルファー（この時はまだプロではなかった）との取り組みが始まります。

アスリートでも子どもでも、スポーツでも仕事でも、成長をするには目標は欠かせません。目標がないと、トレーニングや試合で「今やっていることが正しいのか、取り組みの量は足りているのか」と不安に駆られてしまいます。目標を置くことで、目指すべき方向が示されるため、安心して努力を重ねることができるようになるのです。

僕はレッスンをする前に、必ず選手と話し合って目標を決めます。選手が考えていることを知るためでもあるし、今後の取り組みに関して目線を合わせておくという意図もあります。

しぶことは、「出場権があるステップ・アップ・ツアーで、1000万円の賞金を獲得する」、「プロテストに合格する」という2つの目標を立てました。

岡山に住んでいたしぶこは、僕のレッスン拠点がある神戸に、週2回ほど通ってきていました。このペースは彼女が自分で決めたものです。

目標を達成するためには何をどの程度やるべきか、**自分の責任のもとで物事をコントロールするトレーニングの一環です。**

神戸に通い練習をしながら、ステップ・アップ・ツアーに出るという生活が始まりました。とはいっても、僕のアカデミーで行う練習は特別なものではありません。むしろほとんどが基礎を固めるためのアプローチ練習です。

しぶこは来る日も来る日も、単純で面白くないアプローチ練習を続けました。手を抜くことなく愚直に、丁寧に。

年頃の女の子が遊ぶのも一切我慢して取り組む姿から、「自分はプロになって、その道でやっていくんだ」という覚悟が徐々ににじみ出てきました。

でもこのシーズン、ステップ・アップ・ツアーで獲得した賞金は700万円強。優勝を狙える位置にいても、ズルズル落ちていく試合が多くありました。

「プロとして幾らのお金をゴルフ場に捨ててきたんだ、根性なし」と発破をかけたこともあります。

「言われると思いました」としぶこ。

「だろうな」と、すかさず返す僕。


この経験や失敗があり、彼女は次のプロテストに合格することができました。

僕らは地味ではあるものの、着実に基礎固めをしていったのです。繰り返しますが、特別な練習や新しい取り組みはしていません。


他の選手とは違うところがあるとすれば、彼女は約1年間、一切の手抜きをせず決めたことを愚直にやり抜いたということです。

運命の12番ホール「じゃあ、いけ！」

その後しぶこはファイナルQT40位の権利で2019年シーズン前半の出場権を得ると、6月末までに賞金ランキング5位以内に入り、全英女子オープンの出場権を獲得します。

この時点で挙げた国内ツアーの2勝と、全英女子オープンの出場は、正直想定外でした。

なぜならこの年の課題は、プロとしてツアーに慣れることだったからです。毎週試合がある中でのコンディション調整や、リズムの作り方を学ぶ1年と位置づけていました。

だからシーズン開幕戦前にしぶこと立てた目標も「賞金ランク50位以内で、来シーズンのシード権を獲ること」だったのです。

そんな中、転がり込んできた海外メジャーの切符。

僕もしぶこも、経験を得るための絶好の場として、利用をしようと参戦を決めました。

芝質やコースレイアウト、ギャラリーの雰囲気もすべてが異なる初めての海外試合。刺激は十分、気負いはゼロです。

キャディとしてバッグを担いだ僕も選手のしぶこも、とても楽しんでいました。だって、**勝ちに行っているわけじゃありませんでしたから。**

優勝争いをする状況になっても、その楽しさは変わりませんでした。

だから最終日、首位に2打差をつけられて迎えた12番ホールのパー4。

グリーンを囲む池に入れたら優勝争いから脱落するという状況でも、「(ドライバーで)いきたい」と言った彼女に「じゃあ、いけ」とドライバーを手渡しました。

結果、本当に紙一重でグリーンをとらえ、その1打が彼女の人生を変えたのです。

普通なら池に届かない短い番手で刻む場面でした。

でも仮にドライバーショットが池に入ってしまっていても、僕もしぶこもその決断を悔いることはなかったでしょう。**全力で挑戦をすれば、結果が失敗でも、その経験は必ず成長につながるからです。**

優勝を決めたバーディパットも、しぶこ自身が読み切ったラインでした。

プロテストに落ちて、僕のところに通うペースを自分で決めたように、**しぶこは自分の責任で大事な判断をできる選手に成長していったのです。**

ぶっちゃけて言うと、全英女子オープンの優勝はたまたまです。いわば事故。

でも、まぐれではありません。

このたまたまを生み出したのは、欠かさずにやってきた基礎練習、そして自ら考えて決断する力です。

僕がコーチングで教えているのは、この2つです。それを次の章から詳しく説明していきます。

18番ホールのピンフラッグは、優勝した選手のキャディだけがもらうことのできる名誉あるもの。この全英女子オープンピンフラッグは、渋野のバッグを担いだ青木コーチの手元にある

Chapter

2

答えを教えない「コーチング」とは

コーチの役割は気づかせること

スポーツに限らず、ビジネスシーンでもよく耳にするようになっている「コーチング」という言葉。その語源は「馬車」だと言われています。馬車は、乗客を目的地へ送り届けることを目的としています。コーチは生徒を目標へと導く存在。それを行う方法だからコーチングと言うんですね。

今では広く使われている言葉なので、いろいろな解釈があると思いますが、**僕はコーチングを、「選手自らが結論を出せるようにサポートすること」だと思っています。**

だから、僕は教えないのです。こちらが**正しい結論（答え）を知っていても、それを教えてしまっては、選手が自ら結論を出せません。**

答えを教えてあげれば目の前の問題は解決するかもしれませんが、選手には問題を解決する力が身につかないのです。

答えを教えることを繰り返していれば、一度解決した問題はクリアできるようになるでしょう。ですが、答えを教わっていない新しい問題に直面したとき、自分自身の力でそれを解くのはとても難しくなります。

僕は選手に「明日俺が死んだらどうするんだ」と口酸っぱく言っています。コーチや先生、上司、親はいつもそばにいることができません。そんな状況で問題に直面しても、一人で乗り越えられるようになること、コーチである僕はそれを目指しているのです。

少し抽象的な話になってしまったので、ゴルフのプレーを例に説明します。

例えば、ベストスコアがかかった大事なパーパット。絶対に外したくないと、あなたはキャディとして同伴するコーチにラインを聞くかもしれません。僕がコーチなら正解は教えないでしょう。ラインを教えればそのパットは入るかもしれません。

でも**次に訪れる大事な機会。あなたはプレッシャーに打ち勝ち、自分の力で正しいラインを読み切ることができないまま迎えることになってしまいます。**

しぶこが全英女子オープンの優勝を決めたパットもそうでした。外せば人生でまたとない、メジャー優勝の機会を逃すかもしれない。でもあれほどしびれる場面で、自らラインを読み切りバーディを決められれば、とてつもなく大きなものを得ることができます。

その経験は、彼女のゴルフだけでなく人生の糧になる。

僕はしぶこが読んだラインがたとえ間違っていたとしても、同じように彼女の決断を尊重したでしょう。
大事なのは、**答えよりもその経験から得られる気づきだからです。**

まとめ

選手自身の気づきが
成長につながる

気づかせる「コーチング」と教える「ティーチング」

僕が行っている「コーチング」は、選手自身に気づきを与え成長をさせていく方法です。

一方で、「ティーチング」という、技術を教え成長させる指導法もあります。**主体となるのが教わる側なのが「コーチング」、教える側なのが「ティーチング」だと考えると分かりやすいかもしれません。**

おそらく多くの人が「教え・教わる」や「レッスン」、「練習」というものから想像するのは後者でしょう。

なぜなら、日本の教育ではティーチングが広く採用されているからです。

授業では公式を覚え、それを応用して答えを解いていきます。

運動では上手く動かすやり方を教わり、その数を増やしていくことでスキルアップをしていくというのが基本的な考え方です。


最近では学校などでも、コーチングのようにやり方や答えは教えずに、「考えること」に重点を置いた授業なども増えてきているといいます。

そんな時勢を見ると「ティーチングは古い考えで、これからコーチングだ！」となりがちですが、そうではありませんし、両者は対立する考え方というわけでもありません。

選手の成長のためにコーチは、どちらも理解し使いこなせなくてはいけないと思っています。

例えばやり方や答えを直接教えないコーチングでも、技術的な知識は持っておかなければなりません。

教えはしないけれども、コーチは常に答えを知っておくのです。そして必要なタイミングで、答えを導くためのヒントを選手に渡していきます。

同じようにティーチングだけでは、選手は成長できません。答えを教え続ければ一定程度まで技術レベルは上がりますが、考える力が身につきにくいため、スランプやフィジカル面の変化など、初めて直面する類の問題に対応することができないのです。

これまでのゴルフの指導は、圧倒的にティーチングが主流でした。正しい動きになるように、形ややり方を教えるというレッスンです。

ティーチングによる指導は、「どんなショットにも共通する基礎的な動き」との相性は抜群です。選手自ら考えるまでもなく、普遍的な動きは答えをズバり教えてもよいでしょう。
大事なのは、コーチングとティーチングを、選手の成長段階に合わせて使い分けていくことです。

まとめ

「コーチング→○
ティーチング→×」ではない

「コーチング」は「メンタル」だけを教えるものではない

ティーチングでなければ、コーチングはメンタルを指導するということなの？　と、よく言われますが、そうではありません。

コーチングやティーチングは、選手を成長させる手法です。

一方の**メンタルやフィジカルは鍛えるべき対象なので、「コーチング＝メンタル」で、「ティーチング＝フィジカル」というわけではありません。**

僕はメンタルのトレーニングを行うことはほとんどありませんが、結果的に選手の気持ちが非常に強くなるという取り組みはいくつもあります。

例えばしぶこのパッティング。

彼女は全英女子オープンのウィニングパットのように、普段からファーストパットを強めに打つ選手です。

どんな状況でも、カップを1m越さないと止まらないくらいの、強いタッチで打てるのがストロングポイント。

なぜ臆することなく、打つことができるのか。それは、彼女は返しのパット(ファーストパットが外れた際の次打)を想定した1mのパッティング練習を、毎日行っているからです(132ページを参照)。

返しの1mが入るのなら、自信を持ってファーストパットを打てる。

日々欠かさず行うパッティング練習は、動きの再現性を高める目的もありますが、本番で揺るぎない自信を持てるという効果もあるのです。

また僕は普段の練習から、選手自身に決定権をゆだねるようにしています。夢や目標の設定といった大きなものはもちろん、練習頻度やその量を決めてもらうこともあります。

そうすることで彼らはプレー中にも、自信をもって決断ができるようになっていくのです。

選手たちが成長する機会は、「球を打つ練習」だけに限られたものではありません。彼らの成長や上達につながれば、必ずしも打席の中でレッスンをしている必要はないのです。

選手の成長には、ボールを打つ技術もパフォーマンスを最大限引き出す気持ちの強さも必要です。

ただ、どちらにしても選手が自ら気づき、答えを出せなくては、武器(強み)

にはなりえません。
自分の強みを伸ばすための方法を、考え実行する。その繰り返しが成長につながるのです。

まとめ

コーチングは考え方を
鍛える方法
技術もメンタルも
成長させられる

僕が「コーチング」に行きついた理由

今、ゴルフのレッスンで圧倒的に主流なのはティーチングです。僕もレッスンを始めた当初は、クラブや体の動かし方などを細かく教えていました。

コーチとして独立して教えるようになったのは、今から8年ほど前です。選手の成長が見えやすく、長期にわたって寄り添えるからという理由でジュニアをメインにレッスンを始めました。ジュニアはとても純粋で、どの子もみんな真剣です。

独立したての僕も「いいスコアで回らせたい」「試合にも勝ってほしい」と必死になっていて、時には感情的に怒ってしまうようなこともありました。

ですがその思いとは裏腹に、なかなか結果を出すことができません。そのためさらに厳しく教える、でも結果が出ないというような期間がしばらく続きました。いつしか**成果を求めるあまり、技術を詰め込む教え方になってしまっていたのです。**

選手が一生懸命取り組んでも結果が出ないのは、教え方に問題があります。でも当時の僕は、それを解決するだけの力がありませんでした。

そんな悩みを抱えて悶々としていたある日のこと、練習をしているジュニアたちを遠目から眺めていると、アレ?と引っかかることが。

彼らは僕が教えるときよりも、楽しそうに練習をしていたんです。あまりに楽しそうだったので、しばらく見ていることにしました。

いつもは気になることがあればすぐに教えていましたが、その日は少し我慢をして観察することに徹したんです。

結局、彼らは僕が教えているときと同じくらいの練習量を、自分たちでクリアしました。しかも楽しそうに。

それをきっかけに、徐々に口酸っぱく指導をすることをやめてみました。すると、今度は子どもたちからポツポツと質問が出るようになったんです。

「打っているうちにボールが曲がってきちゃったけど、なんで？」

「同じくらいの体つきの子が僕より飛ぶのはなんで？」

そこでも答えを教えるのを我慢をして、「なんでだろうね、どう思う？」と聞いてみると、「右手に力が入っちゃってるからですか？」なんて、ちゃんと答えが返ってくるんです。

こいつら、教えなくても自分なりにちゃんと答えを出して考えている！

こんなことがいくつか重なって、**僕は打ち方を教えることをやめ、彼らにヒントを与えるようになったのです。**教えないことへの不安はありましたが、不思議と結果もついてくるようになりました。

僕はこうして教え子たちから、答えを教えないコーチングを教わったのです。

まとめ

教えなければ選手は考え始める

兵庫県にあるパインレークGCでアカデミーを主宰している青木コーチ。ジュニアゴルファーたちが自主的に考え、自分で成長する指導を常に心がけている

Chapter

3

「考える力」が上達を生む

〝越境通学〟する子は成長が早い？

打ち方を教えないコーチングをするようになってしばらくしたころ、一人のジュニア選手が僕のアカデミーに通うようになりました。のちに日本アマチュアゴルフ選手権で優勝し、プロテストに合格した亀代順哉です。

彼はとても素直な選手で、よく練習しメキメキと力をつけていきました。彼より通う回数の多い選手は何人かいましたが、亀代君の成長は段違いです。

当時、高校生だった彼は地元の徳島県から週に2回、片道2時間弱かけて僕のアカデミーがある神戸まで通っていました。週末には神戸に泊まり込んで、レッスンを受けることもありました。

僕は当初、神戸に住んでいてアカデミーに通いやすく、レッスン回数の多い子のほうが成長は早いだろうと思っていました。しかし、亀代君と近隣から通う選手との差は開く一方です。

この差は何だろう。

彼らをフラットな目で観察すると、あることに気づきました。**それは質問の回数と質の高さです。**

打ち方を教えることをやめた僕のレッスンでは、選手が気になったことを聞きに来るというスタイルになっていました。

しかし亀代君は僕と直接話せる時間が限られている。

そこで自分の課題を事前に考え、聞きたいことをしっかり準備してきていた

のです。

移動時間がかかりレッスン回数も限られる環境でしたが、それゆえに持っている覚悟が違いました。

その頃の僕は、実績がほとんどない無名のコーチ。ですがそんな僕から少しでも多くの事を学ぼうという姿勢が、ひしひしと伝わってきたことを今でも覚えています。

皆さんにも同期入社や同じ時期に習い事に通い始めた人が、半年くらい経って自分よりも明らかに実力をつけていた、そんな経験があるはずです。

それらは「器用だから」とか「飲み込みが早い」という言葉で片づけられがちですが、**彼らは同じ作業や練習をしていても、亀代君のように自分の課題は何かを考えられているのです。**

彼の成長で、**考える深さと成長の速度は相関関係にあることに気づかされました。**

そこからコーチとして、選手がより自分の頭で考えられるようになるレッスンに注力するようになっていったのです。

まとめ

質問の回数が増え質が良くなるのは選手が考えている証

頭を使えば同じ練習でも10倍の効果がある

亀代君をはじめ、プロになった選手やメジャーチャンピオンになったしぶこは、何か特別な練習をしていたわけではありません。

日々やっていることは、ジュニアゴルファーでも習うような、単調なアプローチ練習です。平らなライから10ヤードごとの的をめがけてひたすら打つ（120ページを参照）。

地味で飽きるし、普通のアマチュアなら1時間もやっていれば手を抜きたくなるようなメニューですが、強くなる選手は、ずっとこの基礎練習を続けていられます。

なぜなら彼らは、**1球1球考えながら打っているからです。**

アプローチ練習は、ショットのように、体を目いっぱい動かすわけではなく力を出す量も少ないため、頭が介入する領域が多くなります。目標もすぐ近くに見えるので、**成功か失敗かがすぐに判断でき、超短時間で振り返りができる。**

「なんで上手くいかなかったんだろう。次はもっとこうしてみよう」

この自ら考えて、新しいチャレンジをすることこそ成長の源泉です。考えることで課題が見つかり、1つの練習でも10の成果を得られる。何も考えなければ得られるものは「動きの再現性を高める」というたった1つの成果だけで、成長は加速しないでしょう。

しぶこは僕が「いいよ」と終了の声をかけるまで、ずっと同じ練習をすることができます。

3時間以上、アプローチだけやっていることもザラ。

それは同じ練習でも1球ごとに考え、失敗の原因を探し、課題を発見しているからです。

だからただ量が多かったり、長い時間をかけて練習をすればいいというわけでもありません。

教える側が課題を出すときには、**総量よりも考える余地があるものなのかを重視してみてください。**

延々と数を解かせる勉強よりはじっくり1つのことを考えられる問題、量をこなす作業よりその人自身の考えや工夫を取り入れられる仕事のほうが、成長のスピードは早くなるでしょう。

見た目は同じことを繰り返していますが、考えながら練習をする頭の中は急速に成長をしているのです。

まとめ

ただやるのか
考えながらやるのかで
成長の速度は変わる

放っておいても上手くなる「自立選手」の育て方

ゴルフに限らず成長意欲が高かったり、普段から工夫をして取り組む癖がついている子は、練習でも自ら考え工夫して取り組むようになります。

でも、最初からそのように自立できている子は稀です。

多くは、**教わることや指示をされることがしみついていて、自分が主体となって考え、工夫することができません。**

言われた課題はできますが、それ以上のことを考えたり応用するのが苦手になってしまいます。

そうした「やらされ選手」を「自立選手」にするためには、まずは教えるのをやめることです。

すると、できないことや分からないことを聞いてくるようになります。そこで「自分はどう思う？」とさらに考えさせ、最後に答えに近づくヒントを与えます。

でも、なかには教えるのをやめても、なかなか聞きに来れない子もいます。

その場合は、こちらからアプローチ。

まずは自分のことを考える癖をつけたいので、

「今日の練習どうだった？」とか、

「さっきのラウンド、何点くらいだった？」というような、答えやすい質問をします。

最初の段階では、返ってくる答えの内容はさほど重要ではありません。**まず**

は自分の行動を振り返って、考えてもらえればＯＫ。

そんなことを繰り返しているうちに、「やらされ選手」は徐々に自分で考え練習で工夫をするようになってきます。

ポイントは**教えるのではなく、まずは彼らの考えを聞くことです。**

親や上司であれば目の前でうまくいかない子どもや部下を見て、真っ先に教えたくなってしまうものです。

でもそれは、**彼らの考える機会を奪っていることになります。**

まずはできていないところに目を向けるのではなく、導き出したやり方や答えを尊重するというスタンスをとってみましょう。

親や上司が正しいやり方を教えているうちは、指示待ち状態から抜け出すことはできません。

答えを出すのはあくまでも選手自身。そうした経験の一つ一つが彼らを「自立選手」に育て上げていくのです。

まとめ

答えを引き出させることが選手の自立につながる

選手が自立するほど コーチの役割は減っていく

コーチと選手、上司と部下の**理想の最終形は、教える側がそばにいなくても、本人が100％のパフォーマンスを出せるようになることです。**

その最終形を目指すには、一緒に取り組む中で選手が自立をしていかなければなりません。

もちろん守らなくてはいけないルールやスウィングの基礎が分からない小中学生や初心者には、手を添えて伴走していきます。

でも選手が自立していけば、僕は教える回数を減らし、彼らが答えを導けるようにサポートする側に回ります。

一般的には、選手の技術レベルが上がれば、より高度なことが理解できるようになり、コーチの教える回数が増えると思われがちです。

でも実際は真逆。

「①課題を見つける→②考える→③答えを出す→④やってみる」の自立サイクルができてくれれば、コーチがサポートする場面は徐々に減ってきます。

これは、ビジネスシーンでよく使われる「PDCAサイクル」(計画、実行、評価、改善を繰り返し業務の効率化を目指す方法)に似ているかもしれません。

でも、このサイクルの型にはめるように選手を導いてはいけません。

なぜなら「この通りにやれ」と指示した時点で、選手の自主性を奪っていることになるからです。

そして、なにより**型にはめてやるのは、選手もコーチも面白くありません。**

どうせやるなら楽しいほうがいいですよね?

彼らの練習が「ＰＤＣＡ」の型や順番になっていることは重要ではありません。選手なりにアレンジしたり、途中の過程をすっ飛ばしてもＯＫです。最初のうちは①や③のサポートを寄り添って一緒にやっていきます。そのうちに②や④ができるようになっていく。

自立をサポートした結果、①から④が自然にできるようになっているくらいのイメージを持つといいでしょう。

選手の成長に伴い、コーチの役割は減っていきます。でもそれは**教えることがなくなるのではなく、本人が課題を見つけられるようになっているから。**

理想は僕がいなくても、問題を解決し道を切り拓いていけるようになることです。コーチや親、上司がそばにいないと発揮できない能力は、習得しているとは言えません。

できることが増えれば、より高度なことを教えたいと思うのが親心。でもそ

んな時こそ、彼らが自分で次のステップにいくのを見守ってあげましょう。学ぶことは無限にある。でも僕らが手を添える回数は減っていくのです。

まとめ

選手が自立のレールに乗れば細かい技術は後からついてくる

僕があえて計測機器を使わない理由

ここ数年ゴルフ界では、計測機器やそこから算出された数値の分析が、急速に発展してきました。ビジネスシーンでも組織のパフォーマンスを上げるため、従業員エンゲージメント（関係性）を数値化して、分析、改善するのが一般的になっています。

これからは教育の現場でも、数値を使って分析をすることが増えてくるでしょう。

目には見えないものを数値化して原因分析をすることは一つの方法ですが、

それは万能ではありません。

僕のレッスンでは、計測機器をほとんど使いません。先に言うとなぜか言い訳っぽさが際立ちますが、使えないわけではなくあえて使っていません（笑）。

それは**数字を正しいものに合わせにいっても、スコアアップや勝つゴルフには結びつかないからです。**

数字は嘘をつきません。事実を客観的に見せてくれる。だから「数字を適正なものに合わせていけば、正しい形になる」という理屈は、一見答えを導いてくれるように感じます。

ゴルフの計測機器は、実に多くのデータを示してくれます。ヘッドスピードはもちろん、バックスピン量に打ち出し角、打ち出し初速、サイドスピン量などなど。ただし、これらの数値をすべて見て適正値に近づけていくことは不可能です。

本番で結果を出すために必要なのは、考える力。その状況で何をすれば、一番いい結果が出るかを考える能力です。

これを練習から意識をしていれば、どんな状況でもその時の最善の答えを導けるようになります。

答えに合わせるのではなく、プレーする選手自身が答えを探し、決めるのです。

ただ、なかには「数」という客観的なもので説明をされるほうが、納得感を得やすい選手もいます。彼らには裏付けとして数字を提示します。

「君の考えていることは、バックスピン量を見ても○○という裏付けがあるから間違っていないよ」

こんなふうに数字を使って伝えてあげると、自信を持って取り組めるようになる選手もいます。

これまで何百万球というボールを打ってきたプロでも、さまざまな要因でスウィングにズレが生じます。
その時に、数字を合わせる表面的な対策をするのか、自ら考えて最善の答えを導くかで、その後の成長が大きく変わってくるのです。

まとめ

数字合わせだけでは答えは見えてこない

コーチとして目指すのは「自走人生」を歩んでもらうこと

選手に「考える力」の重要性を伝えているのは、単に「ゴルフが上手くなるから」という理由だけではありません。

僕は教え子たちが社会に出たとき、彼らにとって役に立つものを遺したいと考えています。

ゴルフの技術はラウンドをするときにしか役に立ちませんが、**自ら課題を見つけて解決する力や、礼儀作法などは豊かな人生を歩むうえで欠かせないものです。**

プロゴルファーになり、さらに試合に出て賞金で生活できる選手はほんの一握りしかいません。多くはゴルフを職業にすることなく、会社員になったり、自分で事業をして生活をしていくことになるでしょう。

そうやってゴルフから離れたときに「あぁ、青木さんにゴルフを習っていて良かったな」と思ってもらえたら、こんなに幸せなことはありません。

コーチとして教え子がプロテストに合格するというのも当然嬉しいことではありますが、進路に迷っていた子がゴルフ以外の道を自ら選択したという報告を受けたときも、同じくらい嬉しいものです。

レッスンを受けに来る人たちは、当然ゴルフが上手くなりたいと思ってやってきて、僕をゴルフコーチとして雇う。でも僕は、人として成長させるために雇われたと思っています。

だから職業は「ゴルフのコーチ」ですが、スウィング技術を身につけさせることがゴールではありません。

壮大なお節介かもしれませんが、**ゴルフを通して考える力、問題を解決する力を学び、成長する喜びを知ってほしいのです。**

僕はゴルフを教えるとき、そんなことを大切にしています。

親や上司といった教える立場の人は、目の前の課題解決だけでなく「彼らの人生でどんな役に立つか」と一歩引いて考えると、より深い学びにつながるはずです。

また教わる立場の人は、解決方法や答えを導く考え方に着目をすると、ただ答えを理解するだけでなく、別の機会にも使える学びにもつながるでしょう。

それが積み重なることで、学び手は自ら問題を考え解決できる「自走人生」

を手に入れられるのです。

まとめ

目の前の答えより
その解決方法に注目をする

目標は内容よりも、設定方法が大事

成長や上達をする上で、目標は欠かせないものです。取り組む際のモチベーションになり、指針になり、成長の進捗を確認するものさしにもなります。

目標設定をするとき、「どのような目標にするか」という内容も大事ですが、同じくらい**重要なのが、「どのように設定をするか」という方法です。**

目標の設定方法には2パターンあります。大きなゴールを明確に掲げる「叶えたい夢持つ型」と、足元のできることを着実に積み重ねる「目の前一生懸命型」です（僕が勝手に命名しました）。ちなみにしぶこは前者で、僕は後者です。

前者はなりたい姿や叶えたい夢を明確に持っているので、そのために必要なことを目標として設定をすればOKです。

でも、**「絶対に叶えたい夢」なんてみんなが持てるわけではありません。**むしろ強固な意志を持つ人のほうが稀です。そんな人たちに**「夢を持ち、その実現のために目標を設定しよう」と強いるのは、ストレスになってしまうでしょう。**だから明確な夢がない人は、まず自分が一生懸命になれることを挙げてみてください。

一生懸命になれることを見つけて取り組むことができれば、その中で成長の喜びや考える力を育むことができます。まずは本人が率先して取り組めることを探す。それがなければ夢も持てないし、ましてや苦手を克服するチャレンジする気持ちも生まれません。

次のページでは、僕が考えた目標設定シートを紹介します。自分で記入したり、お子さんと一緒に埋めてみましょう。自分がやるべきことが自然と見えてくるはずです。

夢が明確な人はこっち

叶えたい夢持つ型

例えば渋野日向子の場合

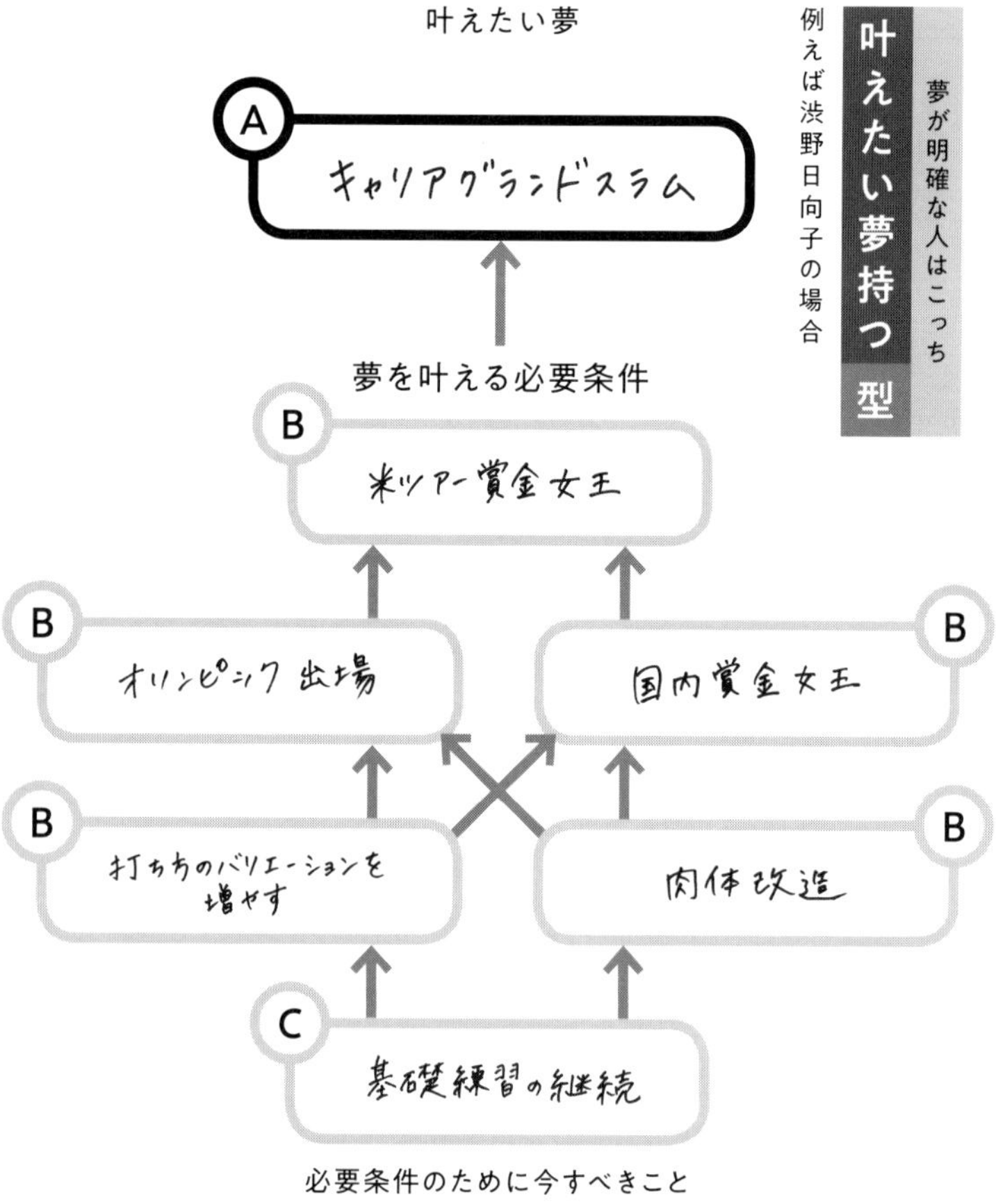

記入方法	❶まず自分が叶えたいと思っている最も大きな“夢”をⒶに記入 ❷“夢”を叶えるために必要な条件をⒷに記入 ❸Ⓑの実現のために今すべきことをⒸに

運用方法	❶Ⓒは継続できるものにする ❷Ⓑは達成したら新しいものを追加し、その際必要ならⒸも変更する ❸Ⓒの継続や、Ⓑの達成が困難なときは、少しだけハードルを下げたものに

青木'sワンポイントアドバイス	この［叶えたい夢持つ型］の目標設定シートは、具体的に大きな夢を明確に掲げられる人のためのものなので、まずは左ページの［目の前 一生懸命型］から始めることをオススメします。

目の前一生懸命型
夢がぼんやりな人はこっち

ぼんやり思っている夢

A 「上手いね」と言われたい

今年の無理のない目標

B 90を切りたい!

↑ 勝手にできるようになる

自分ができること（長所）

C
・飛距離が出る
・パター練習は好き
・集中を切らさずプレーができる
・素直
・最後まで振り切れる
・イケメン

↑ 2～3年をかけ長所に

自分ができないこと（短所）

D
・バンカーが苦手
・力むと引っかける
・周りが見えなくなると言われる

記入方法

❶Ⓒを記入。ポイントはやらなければいけないことではなく、得意なこと、好きなこと、できることを書く
❷Ⓐを記入。明確なものでなくてもOK。決意表明ではないので気楽に！「1年以内には」という時間を意識してⒷを記入
❸最後にⒹを記入。ここは自分が認識していることをサクッと書く

運用方法

❶Ⓑは無理のない範囲でできる、最長でも1年先の目標設定にしておく
❷Ⓒは多ければ多いほどいいので、ココをひねり出すことに時間をかけよう
❸Ⓓは深く考えても楽しくないので、思いつく範囲のことでOK

無理に夢を持つ必要はない。でも、目の前にある今すぐにできる目標を持つことで夢が見つかり、それが今を頑張る力にもなっていくと青木コーチは言う

Chapter

4

「失敗」することの重要性

人は答えではなく失敗によって成長する

僕がレッスンの中で大事にしているのは、「失敗」です。

失敗には必ず原因があり、それを見つけて克服することが、上達や成長につながるのです。

もちろん成功からも学ぶことはできますが、こちらは少しハードルが高い。失敗のほうが、原因をピンポイントに見つけ出しやすいという特性があります。

また回数も、成功より失敗のほうがはるかに多い。皆さんも思い返してみてください。自分の挑戦や選択の半分以上が失敗のはずです。

ちなみに僕の人生では、実感値7割くらいが失敗（トホホ……）。

でも、失敗を成長する種だと思えば、それだけたくさんの機会があるということになります（ラッキー！）。

しぶこがツアールーキーだった2019年9月に行われた日本女子プロゴルフ選手権で、コースのラフ（長く伸びた芝）に苦戦をし、スコアを伸ばせないということがありました。

ラフからのショットは、通常とは異なる打ち方をしなければなりません。対策ができていない彼女を見て「コーチは何をしているのか、打ち方を教えてやれ」という声が多くあったと聞きます。

この試合は国内のメジャー大会で、賞金も通常の試合より高額でした。結果を出すため、経験の少ないしぶこには対応が必要だったかもしれません。

打ち方を教えれば、その日のスコアはそれなりにまとまったでしょう。しかし、次に対応のできない状況に陥ったときにはどうか。

運よく、助言をする人がそばにいればいいですが、**フィールドでは基本的に自分で考え決断し、プランを構築しなくてはなりません。**

もちろんプロですし、結果を出すことは大事です。

でもそれよりも**大きな成果を目指して、あえて失敗をしたほうがいいこともあります。**

例えば、ジュニアゴルファーの親御さんには、ラウンド前にあらかじめミスが減るようアドバイスをしてしまう人が多くいます。

でもジュニアのときのラウンドでいいスコアが出ても、その子の人生に大きな影響を与えることはほぼありません。

それよりも、**ラウンドの中で失敗をして、その問題を解決できた経験こそが、彼らの持続的な成長につながるのです。**

まとめ

可愛い子には旅をさせよ

失敗すると分かっていても笑顔で送り出す

「失敗は成長の糧になるから、増やしていこう!」

とは言っても、これまで失敗を避けるよう指導していた人が、今日からそれをすべて許容できるようになるのは難しいかもしれません。

親や上司の立場からすると、失敗はできるだけ避けたいと思うのは当然です。

そこで、まずは**教える側が「失敗＝悪い事」という考え方を捨ててみましょう**。失敗はいつでも、そして誰もがします。海外メジャーで優勝したしぶこも、国内ツアーの予選落ちをするのですから。

そこに全部「悪い」というレッテルを貼ってしまうと、**選手自身が失敗を怖がって避けるようになってしまうでしょう。**

すると、彼らは徐々にチャレンジができなくなり、成長の機会を逸することにつながります。まずは親や上司、コーチが「失敗＝悪い事」という固定概念を取っ払ってみましょう。

方法は簡単。「このやり方では失敗するだろうな」と分かっていても、見守ってあげるのです。手出しは無用！

僕らの役割は、安全や最低限のリスクに配慮をすることだけです。そして**どんなふうに失敗をするのか、それをしっかり見届けてください。**

僕は彼らが失敗するまでの一連のトライを、楽しんで見ています。思いもよらなかった方法で失敗をする子もいるし、失敗した後の彼らのリアクションもまたそれぞれ。

教える側はまず、果敢に挑戦をした彼らを、笑顔で出迎えてあげましょう。

「ようやったな！」

「派手にやっちまったな！」

失敗を責めなければ、かける言葉は何でもいい。深刻な顔をせず笑顔で接することが重要です。

失敗は成功よりも多い。**そして失敗をすると、人は必ず凹みます。ともすれば、怒ったり悲しくなったり負の感情に支配されてしまう。**

だから、あえて笑うのです。

すると周りにいる選手も笑顔になる。

全英女子オープンの最終日に、しぶこは前半、4パットの大きなミスをしました。でも僕は笑っていました。この失敗が、彼女をより成長させると思ったからです。

そしてその笑っている僕を見てしぶこも笑顔になり、彼女はギヤをもう1段上げて、チャレンジングなプレーを展開していきました。

親や上司、コーチが失敗を歓迎すれば、彼らはチャレンジを怖がらない強い気持ちを持つようになるでしょう。

まとめ

失敗したときにはまず笑って出迎えよう

失敗するときは豪快に
大ゴケしたほうが学びは大きい

失敗をするときに、絶対に外せないポイントが1つあります。

それは、全力で失敗をするということ。

教える側が失敗を嫌がるように、選手も失敗に対する恐怖があります。こちらが「失敗してもOK！」と言っていても、ビビってしまうことは多々あるでしょう。

そんなマインドを持った選手は、失敗のダメージを最小限にしようとして、チャレンジする力を抑えようとします。

でも、100%の力で挑戦をしなければ、失敗したときの学びは少なくなってしまいます。

失敗を恐れ、6割程度の力でぶつかって跳ね返されても、持っている能力を出さなかったための失敗なのか、自分に足りないものがあったのか、失敗の要因が分かりません。

全力、**つまり自分の持っている能力をすべてぶつけてこそ、足りないものが見えてくるのです。**

人は何かに挑戦するとき、失敗を恐れ縮こまって小ぎれいにまとめようとします。

20歳にして数多くのチャレンジと失敗を積み重ねたしぶこでも、シーズン中には重圧や欲のせいでビビってしまうことが何度もありました。

プロ1年目のシーズン序盤。慣れない環境やコースで、初日に「81」の大叩きをした試合がありました。

「思い切りやって、予選落ちでも何でもして来い！」

そう発破をかけ、改めて失敗してもいいという気持ちにさせたことで、しぶこは翌日、その日のベストスコア「66」を叩き出しました。

もし**結果が出ず、本当にそのまま予選落ちをしたとしても、全力でぶつかっていたので大いに学ぶことができたでしょう。**

しぶこが学んだ、不利な状況でも全力で向かっていく姿勢や経験が、シーズン最終盤に自分を立て直し、賞金女王争いにからむ粘りにつながったのです。

大きなダメージになりそうなものほど、全力でぶつかってみましょう。成功すればラッキー、失敗しても大きな学びが得られるので、こちらもラッキー。

実は全力でぶつかるほど、失うものはなくなるのです。

まとめ

全力で取り組めば
成功しなくても
得られるものがある

コーチに必要な我慢をする能力

選手には得意、不得意があり、成長のスピードも個人差があります。

だからこれまで説明したように、**彼らの考える力を引き出そうとしたとき、すぐにこちらの思った通りに変わってくれるわけではありません。**これは能力の優劣というよりは、タイミング次第。

これまで教わることしかしてこなかった選手ほど、自分で考え始めるには時間がかかるかもしれません。

なかなか成果につながらなかったり、自主的に取り組めない選手には、思わず答えを教えてしまいたくなるでしょう。

彼らが要領よく答えにたどり着くことなんて、ほとんどありません。回り道してやっと答えにたどり着いたけど、「そういうことじゃないんだよねぇ」なんてこともザラです。


以前は僕から答えを教えてしまっていたこともあるし、「あぁ、教えたい！」と思う瞬間もたくさんありました。

でもそこはひたすら我慢です。

失敗をさせ続け、彼らが自分で考え始めたり、気づきを得たりするのをじっと待ちます。


コーチとしても結果が出ないのは辛い。でも選手だって辛いんです。

大事なのはその思いを共有していることです。応援しているよ、見守っているよとサインを出してあげる。

失敗しても責めたり深刻な顔をせず、笑ってあげましょう。

長い目で見たときに、その苦労や失敗が必要だと思うから、こっちが辛くても嘘でも笑う！

教える側が口を出して得られる成功なんていうのは、ほとんどの場合大きなものではありません。

きっと教え子の長い人生の中では、豆粒以下の出来事でしょう。

そう思えば我慢ができる気がしてきませんか（笑）？

僕らが必死になって失敗を回避させようとしていることはたいてい、取るに足らないものなのです。

ならばその失敗にどれだけの可能性があるのかに注目したほうが、ワクワクできるでしょう。

彼らが起こす失敗を楽しめるようになるのもコーチの能力です。

まとめ

コーチと選手が
辛い思いを
共有していることが大事

練習中も笑顔が絶えない渋野と青木コーチだが、すぐに気持ちを切り替え、ひたすら基礎練習を続けている

Chapter

5

教えることと教えないこと

まず教えるのは
プレーする楽しさ

コーチとして僕がはじめに生徒に教えることは何か。
グリップ？　アドレス？
いいえ、最初に技術的なことは教えません。
僕がまず彼らに伝えるのは、ゴルフの楽しさです。

選手の成長は、坂を転がる大きなボールに似ています。一度転がり始めてしまえば、そのスピードはどんどん加速する。
時には上り坂になったり、障害物に当たったりして勢いは弱まりますが、基本的にはスピードは速くなっていきます。

でも、転がり始めるまでは大変です。

ボールは、「坂を転がったら面白いな」と思わないと、下り坂までたどり着いてくれません。

だから重くて大きいボールを、下り坂まで運ぶのがコーチの役割。そのために僕はまず、ゴルフの楽しさを教えるのです。

練習では最初、「自由に打ってごらん」と、**制約を設けず好きなように打たせます。**

どんな球でも「おー飛んだね！　目標の近くに寄ったね」と一緒になって喜ぶ。そんなことを繰り返していれば、子どもは楽しくなって、勝手にどんどん打ち始めます。

その過程で他のクラブを打ったり、脱線してもＯＫ。

そのうち「もっと飛ばしたいんですけど、どうすればいいですか？」なんて聞いてくるようになるでしょう。そうしたらその方法を一緒に考えてあげます。

さらにその子が楽しくなれば、「もっといいスコアで回りたい」とか「〇〇君に勝ちたい」と言うようになる。

その時に初めて「もっと上手くなるには、単調で辛いこともあるけど続けられるか」と聞くんです。

いわば覚悟を問うわけですが、それまでさんざん楽しくやっていて、もっと上手くなる方法があると言われれば、ほとんどの子は前のめりでチャレンジをしてきます。

最初から技術的なことは身につきません。まずはゴルフが楽しいものなんだということを知ってもらう。それは勉強でも仕事でも同じです。

コーチは、「これってハマっちゃうほど楽しいことなんだ」というプロデュースをしてみましょう。

楽しいと思ってもらうためには、ゲーム性を取り入れると上手くいきます。

彼らは攻略するのが大好きで、負けず嫌いです。

そこをくすぐるような練習を考えられれば、飽きることなく、どんどん次のステップに進んでいくでしょう。

まとめ

好きこそ物の上手なれ

考えても気づかないことは
丁寧に教える

楽しさのほかにも、もう1つ教えることがあります。それは**ルールや常識という人として身につけるべき基本的なことです。**

例えば、コーチや仲間への挨拶や、練習場、ゴルフ場でのお作法などはきっちりと教えます。

なぜならこれは放っておいても、できるようになるのが難しいからです。

ラウンド中に、これから打つグリーン上に人がいたら打ってはいけません。

これは常識でありルール。

でも子どもたちは、それを教えなければガンガン打っていってしまいます。「危ないからダメよ」と教えていても打ち込んでしまうくらいですから。けが人が出てはじめて「いけないことだったんだ」と気づくかもしれませんが、そうなってからでは遅いので、ルールとしてしつけます。

あいさつも同じです。コミュニケーションの起点としてなくてはならないものですが、放っておいても子どもたち自身がその重要性に気づくのは難しいでしょう。

このように**考えても気づきにくいことや、危険なこと、周囲に迷惑がかかることは具体的なやり方まで教えます。**

そもそもルールや常識は、彼らの頭の中にまったくなかったことなので、1度のしつけでできるようになることはありません。根気強く何度も同じことを教えてあげてください。

しつけの項目は、なるべく絞っておいたほうがよいでしょう。教えすぎるときりがなく、つい本来は選手が考えるべき部分までを教えてしまいがちです。

またルールや常識は、技術レベルが高いからといって、習得できているというわけではありません。

だから能力が高いけれどあいさつができなかったりルールが守れなかったりしたら、できるようになるまでしつけなくてはなりません。

そうしないと「ただのゴルフがうまい人」になってしまいます。

そんな子がもし仮に、競技レベルのゴルフをやめたとき、何が遺るでしょうか。選手が社会に出たときに役立つものを遺してあげなければ、いくらゴルフの技術を教えるのが上手でも、それは優秀なコーチとは言えないと思います。

コーチや上司というのは、親と違ってその人の人生で接することができる期間が限られています。だからこそ、**関係が途絶えたあとに何が遺るのかを考えなくてはならないのです。**

人として守らなければならないことは、しっかり教える。指導者はそこから逃げてはいけません。

まとめ

常識やルールは身に付くまで教える

具体的な動かし方は教えない

指導する立場の人に多く見られるのが、細かい形のことばかりを教えてしまうという点です。

特に親御さんなど「教えること」を体系的に学んでいない人は、**目につく気になった部分から教え始めてしまいます。**

トップの形が気になればトップを教え、フィニッシュの姿勢に違和感があればそれを変えるようにアドバイスをする。

皆さんも助言を求められた際、このように**形の部分を五月雨式に指導をして**

しまった経験があるのではないでしょうか。

この気になった部分の形を修正していくという指導は、2つの点で問題があります。

1つは、それが**本当に修正すべきか検討をしていないという点。**

ゴルフのスウィングに限らず、体の動きというのはさまざまな部位が連動しています。つまり1カ所変更をすれば、必ず他の場所にも影響を及ぼします。

それを理解せずに変更を加えると、問題の根本原因が解決せず形だけが変わり、**できていたことまでできなくなってしまう可能性があります。**

もう1つの問題は、**細かい動作に言及しているという点です。**

複数のことを一度に修正するというのは、非常にハードルの高い作業です。

注意点をいくつか挙げると、それを**実行することだけで頭がいっぱいになり、**

本人が何をしているのか分からないまま動きが崩壊してしまいます。

特に複数のことをいっぺんにやるのが苦手な子どもは、具体的な動きの指示を出すと、それぱかりを一生懸命にやろうとするため、操り人形のようなぎこちない動作になりがちです。

コーチとして、修正が必要な箇所は常に頭に入れておきます。ですが動きや形は極力教えません。

伝えるのはヒントです。

「もう少しゆったりとしたイメージで振ってみて」

「高い球を打つとしたらどうする？」

など、**なるべく形や動作には言及しないように1つのことだけを伝えるのがポイントです。**

今、具体的な動きを教える指導をしている人は、まずはその回数を減らしてみてください。かなり物足りなさを感じるかもしれませんが、1コマの練習や授業で1つのことだけをできるようにしてあげるくらいの分量が適切です。

そうするだけで、教え子たちの頭のなかは整理され、これまでとは違った成長を見せてくれるでしょう。

まとめ

形や動作ではなくイメージを伝える

能力がグンと伸びる覚醒の起こし方

スポーツでは、飛躍的に成績が伸びた選手に「覚醒した」という表現が用いられます。2019年シーズンのしぶこはまさに覚醒した状態でした。

覚醒とは「能力のフタがパッカーンと開け放たれた状態」のことです。

今までできていたことに、どんどんできることが付け加えられてきて、すごく能力が高まったように見える。

いや、実際に高まっているんです。でもそれは、できなかったことが突然できるようになるのではなく、**長所にしていた部分が高速で拡張するというイメ**

ージです。

ちなみに通常の成長も、長所にしていた部分に肉付けがされていくという構図ですが、覚醒の場合はそれが短期間のうちにとても大きくなるので、突然才能が花開いたように見えるのです。

コーチも選手も覚醒を意図的に起こすことはできませんが、**起きるように準備することは可能です。**

覚醒の条件は、選手が自分の長所を把握し、それを使って成果を得ること。

武器として持っていた長所を使いこなせるようになったとき、それは起こるのです。

例えば、よく切れる包丁があったとします。

でもみね側を使っていたら、切ることができませんよね。

切れる部分を理解し、そこを意図的に使ってこそ、包丁を使いこなしたことになるのです。

普段の練習や試合は、この覚醒が生まれるきっかけを待つ場です。

だから選手が試行錯誤してもがき苦しんでいるのを見ると、「いいぞいいぞ、頑張れ！」と心の中で笑っています。

コーチにできるのは、長所を把握しそれを磨かせておくことです。そして選手が使い方を習得するのを待つ。

どんな人にも必ず長所や、本人が楽しく取り組めることがあります。77ページでたくさん書き出した、Ⓒの部分です。

まずは一生懸命に取り組める環境を作ってあげましょう。すると、だんだんとその部分が研ぎ澄まされていきます。

そうしたら長所が使える実践の場を作ってあげる。

使いながら磨いていけば、どんな子でも必ず覚醒のタイミングは訪れます。

練習で成長を求めるあまり教えすぎたり、試合で結果を求めて焦ってはいけないのです。

まとめ

長所の磨き込みが覚醒をもたらす

しぶこが1年中
基礎練習をやり続ける理由

僕のレッスンの練習メニューは、「10ヤードのアプローチ」が大半を占めます（120ページを参照）。

ジュニアからプロまで、どんなレベルの選手でも変わりません。

それはスウィングの基礎が、すべてそこに詰まっているからです。

「またこれやぁ。また戻った！」

どこに行ってもついてまわるアプローチ練習に、しぶこはたびたびこんなグチをこぼします（笑）。

剛ラフに苦しんだ日本女子プロゴルフ選手権でも、多くの選手がラフからのショットを練習する中、しぶこだけ平らなライから短い距離のアプローチを繰り返し練習していました。

「こんなどこでもできる練習を、なんで今⁉」

なんて心の声が聞こえてきそうでしたが、ラフからのショットはあくまでも枝葉の技術です。

慣れないラフから打って、基本の形を崩してしまうより、状況が変わってもブレない土台を作ることが大事だと判断しました。

基礎はすべての技術の土台になるものです。みんな、頭ではそれを分かっているはずですが、実際に練習するのは枝葉の技術ばかりです。

ドライバーが苦手な人はドライバーを練習するし、アイアンが苦手だなと思ったら一通りの番手をまんべんなく打つ。あなたはこんな練習になっていませんか？

それではなかなか、技術は身につきません。基礎練習をしてこそ、その延長線上にある技術がどんどん肉づけされていくのです。

枝葉の技術を練習していて、それが突然習得できるということはまずありません。

基礎となる技術は、練習をしないと徐々にできなくなってしまいます。残念ながら自転車のように、1度乗れたらいつでも乗れるものではありません。基礎練習をやり続けているから、今、できているのであって、それを怠ればとたんに技術は逆戻りしてしまうでしょう。

上達するにつれ、選手は「もう基礎はできた。次のステップに進んでいいだろう」と考えます。それを戻してあげるのもコーチの大事な役割なのです。

次の章では、僕がレッスンで実際に行っている練習方法などを紹介します。基礎練習の繰り返しは、面白いものではないかもしれません。だからこそ頭の中で失敗や成功の原因を、1回ごとに考えながらやってみてください。ただのアプローチも変化がつき、成長の糧も得られるようになるでしょう。

まとめ

すべての技術は基礎の枝葉に過ぎない

手取り足取り教えるだけがコーチではなく、一歩引いて見守ることもコーチの大切な役割

Chapter

6

世界を獲った練習法を大公開！

世界を獲った練習法

1

すべての基本 10ヤードアプローチ

この章では、僕が教えているドリルを中心に紹介したいと思います。

ほとんどが基礎練習ですが、教え子たちはそれを続けてプロになったり、海外メジャーで優勝したりしました。

ドライバー練習のほうが面白みはあるかもしれませんが、「プロでもやっている」と思って頑張ってみましょう！

スウィングでもっとも重要なのは〝腹筋で振る〟こと。つまり手を使わないということです。これはショットもアプローチも、基本的には同じです。

振り幅が小さいほど手を使いがちですが、それを抑制するため、あえて短い距離を打つ練習をします。まずはキャリーで10ヤード打つ練習から。〝腹筋でクラブをリードする〟というイメージを持ちましょう。

10ヤードの看板をキャリーで狙う練習は、レッスンの実に9割を占める。打点が狂うミスは手を使っている可能性大。高さと距離が安定すれば◎

世界を獲った練習法

2

全ショットに役立つ
片手打ち

10ヤードアプローチができたら、片手打ちの練習をしてみましょう。これも打つ距離は10ヤードです。

練習の狙いは通常の10ヤードアプローチと同じで、**手を使わずに腹筋でクラブをリードすること。**

でも両手を使うよりも難易度は高くなります。少しでも腕や手の力を使ってクラブを動かしてしまうと、芯に当てることができません。

両手のアプローチをずっとやっていてもいいのですが、**子どもは飽きてしま**

うし、より難易度の高い課題をクリアできたほうが成長を実感できます。

ただし一度できたら次のステップに進むのではなく、毎回の練習で繰り返すことが重要です。

人間の体のなかでも、手は特に器用な部分。だから自然と力が入り、道具を操ろうとしてしまう。それを我慢させるのが片手打ちドリルの狙いだ

世界を獲った練習法

3

しぶこを覚醒させたクロスハンドドリル

アプローチ練習からアイアンやドライバーなどの長いクラブに持ち替えると、強く振ろうという意識から、前傾角度が起き上がったり右肩が突っ込む動きが出やすくなります。

それを抑制するために、クロスハンドでハーフショットの練習をします。

クロスハンドでも芯に当てるには、手の力ではなく腹筋でクラブをリードしなくてはいけません。それができれば、**ボールにきちんと力を伝えることができ、しっかりと上がって止まる球が打てるようになるでしょう。**

しぶこが最初に行ったのもこのドリルでした。

彼女はボールを下からすくい打つ癖がありましたが、このドリルで上からしっかりと打ち込み、強いボールを打てるようになりました。

すくい打とうとすると前傾角度が伸び上がり、クラブヘッドがボールに届かずトップ、もしくは空振りになる。頭の位置を起こさないように意識するのがポイント

世界を獲った練習法

4

死ぬまで使える
グリップの作り方

グリップの形はさまざまありますが、共通して守ってもらいたいポイントがあります。**それは左手の小指と薬指で、しっかりと握るということです。**

この2本でしっかりと握れていると、**インパクトで自然と左わきが締まり、左腕が内旋しやすくなります。**

するとフォローにかけて、左腕と上半身が一体となって動き、しっかりとつかまった力強い球が打てるようになるのです。

このグリップができている子は、小学生くらいの年齢でも左手1本でドライバーを打てるようになります。これは年齢や性別を問わず誰にでも当てはまる、重要なポイントです。筋力に頼らず、力の入れどころをつかみましょう。

濡れたタオルから、左手の小指と薬指、2本の指でギューッと水を絞り出すイメージで握るとよい。クラブを握るときは、この2本の位置を決めてからグリップを作ろう

世界を獲った練習法

5

自信みなぎるパッティングアドレス

パッティングは体もクラブも動きが小さいため、少しのズレがミスに直結します。そのためショット以上に〝いつも通りに正しく構えられているか〟が重要なのです。

「アドレスでのボール位置は、左目の下」というのが、パッティングの大原則です。しぶこは毎日パッティング練習で、ボール位置を確認しています。自分の思った位置にボールがあることで、はじめて自信をもってストロークをすることができるのです。

パッティングのボール位置の確認は、ショットの基礎練習と同じです。だから**「一度できたらマスターした」と思うのではなく、毎回確認をするようにしましょう。**

同じように構えているつもりでも、体のコンディションによってボール位置は変わってしまう。プロでさえも実際に左目の下からボールを落として確認を行っている

世界を獲った練習法

6

タッチを養う
テークバックなしストローク

打ち方以上に教えてはいけないのが「感覚」に関することです。例えばパッティングのタッチ。

タッチが弱めの選手に、「もっとしっかりと」と言っても、どの程度しっかりなのか曖昧ですし、そもそもしっかり打った結果が、今のタッチなのかもしれない。

だから**感覚的な部分こそ、本人が気づき学んでいく必要があります。**

パッティングのタッチは、フェース面にボールが乗っている時間が長いほど

コントロールしやすくなります。その乗せる感覚を磨くのが、テークバックせずにフォローを出す練習。実際のカップを目標に、入れることを想定して打ちましょう。

アドレスからクラブを引かず、そのままフォローを出す。ポイントは左手首の角度を変えず、胸を下へ向けたままヘッドを出すこと

世界を獲った練習法

7

しぶこが日暮れまで行うパッティングドリル

パッティングは、その1打でスコアが決するため、ショット以上にプレッシャーにさらされた状況で打つことになります。

そんな**ドキドキする状況でも、平常心で打てるようになるための練習方法を2つ紹介します。**

1つは「1m～5m連続カップイン練習」（図A）です。カップから1m間隔にボールを置き、短い距離から順に打って5球連続で入ればクリア。外れてしまったら、また1mの距離からやり直します。

もう1つが（図B）の「7／9カップイン練習」です。1mから5mまで50㎝間隔で同心円状に9つの目印を作ります。9つのパッティングのうち、2回のミスまで許されるサークル練習です。

A

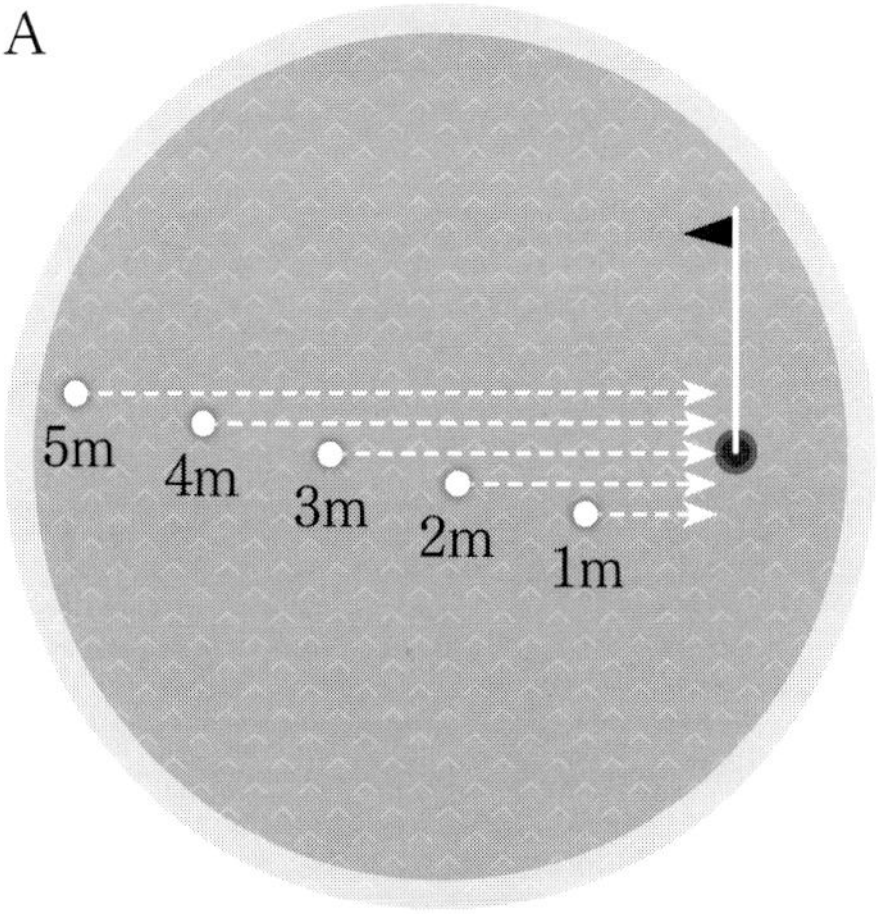

B

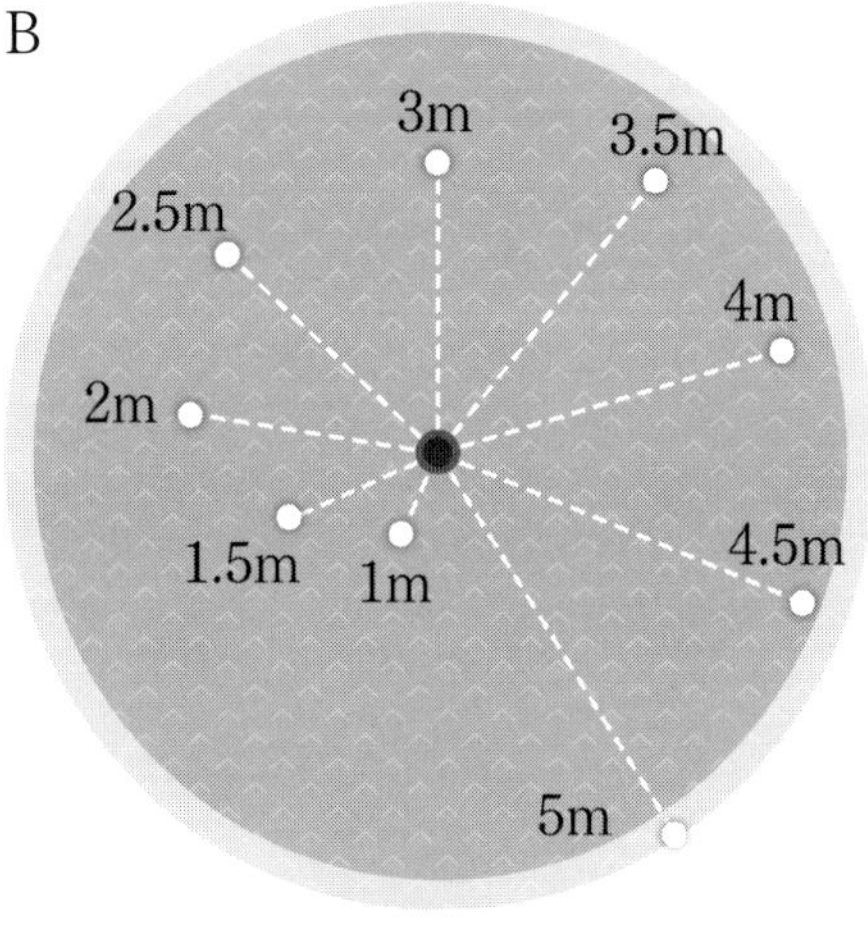

図A、Bどちらの練習法も、クリアするまでは練習終了とならない。ゲーム感覚で楽しめ、さらに本番さながらのプレッシャーを感じながら練習することができる

最終日が首位スタートの前日であろうと、前ページで紹介したパッティング練習を日が暮れようが、スマホのライトを照らしてでも最後までやり切る渋野。だからといって、特別、驚くことでもないと青木コーチは言う

Chapter

7

モチベーションの保ち方

モチベーションはすぐには上がらない

選手のパフォーマンスに大きな影響を与えるモチベーション。もちろんこれは高いに越したことはありません。

でも、モチベーションはコーチであっても、そう簡単にコントロールすることはできません。

教える立場の人は本番が迫ってくると、モチベーションを上げようと発破をかけにいきます。

「このためにやってきたんだ」

「ちゃんと自分を追い込めているか」
「不安がなくなるほど練習はしたか」
こんな具合で〝お尻を叩く〟のです。

僕も以前は選手が目標にしていたラウンドや、大きな大会の前にはこのようなコミュニケーションをとっていました。

でも今では**本番直前に、モチベーションを上げるようなことはしません。**

なぜなら**発破をかけたとしてもほとんどの場合、本人のモチベーションが上がることはなかったからです。**

大きな目標を前に手を抜いてしまう選手は、どんな声をかけても最後まで自分を追い込むことができません。

どこか逃げ道を作ってしまったり、上手くいかなかったことを誰かの責任にするようになってしまうのです。

一方、本番前にモチベーションを高く保つことができる選手は、こちらが言わなくても自分を追い込むことができます。

しぶこもこのタイプです。初めて受けたプロテストに落ちて僕がコーチをするようになってから、彼女は1年間、一切手を抜きませんでした。

自分が手に入れたい目標に対して、犠牲をいとわず最優先で取り組める。**この覚悟によってモチベーションが高く保たれ、成長と上達につながるのです。**

コーチができるのは、選手の覚悟の再確認です。**選手を観察し、何を目標にしてきたのか、今のままで叶いそうか考えさせます。**

ちなみに誰もが明確な夢を持っているわけではないのと同じで、なかには覚悟を持つことができない選手もいます。

でもそれは必ずしも悪いことではありません。エンジョイゴルファーとしてゴルフを趣味として楽しめばいいし、あることをきっかけに、本人に覚悟が芽生えて取り組み方が変化することもあります。

誰もが常にモチベーション高く取り組めるわけではないし、突然スイッチを入れることなんてできないのです。

まとめ

モチベーションを上げるより覚悟を育む

欠点の修正は後回しにする

指導や教育で「ズバリの答えを教えすぎる」ことのほかに、もう1つ成長の妨げになってしまっているものがあります。

それは「欠点を修正するように指導する」ことです。

できていないことを**できるようにするのは必要なことですが、優先して取り組むべきものではありません。**

77ページで書き出した、Ⓓの短所は、2~3年くらいの長期間で、徐々に克服し、得意なことに移行すべき項目です。

欠点を克服するための練習は、なかなか成果が出ません。だから本人のモチベーションが非常に上がりにくい。

得意教科があるのに、苦手な科目の補習や追試ばかりをさせられていたら、勉強は嫌いになってしまいますよね？　それと同じです。

多くの場合、欠点は苦手だから欠点なのです。**その苦手なことをずっとやり続けるのは、明確に叶えたい夢がある人でも辛いものです。**

僕はプロを目指す選手に、常々「ザルに引っかかるような石を目指して」と伝えています。

プロテストとは、目の粗いザルで石をふるいにかけているようなものです。残るのは大きな石。そしてもう1つはいびつな形の石です。丸くてこぎれいな石は、よほど大きくないと粗い目には引っかかりません。

形がいびつというのは、尖った長所があるということです。

得意分野を見つけてそこに一生懸命に打ち込んでいれば、モチベーションは下がりにくい。

しぶこはしっかりとクラブを振り切れて、距離を出すことができるのが長所でした。そのため、まずはそこを徹底的に伸ばすように取り組んだのです。

一方、アプローチはバリエーションも少なく苦手。だからそこはプロになってから3年くらいをかけて、伸ばしていこうと思っています。

ポイントは長所を伸ばす練習と言いながらも、こっそりと欠点も埋まるようなエッセンスを練習に入れておくことです。これがコーチの腕の見せ所。苦手なピーマンをすりつぶしてハンバーグに入れるように、練習メニューや課題作りで頭をひねってみてください。

それがうまくいけば、いつの間にか苦手だったピーマンを食べられるようになっている（笑）。それがゴールです。

長所を伸ばし欠点の穴埋めを後回しにすると、石は目指すべきいびつな形になります。へこんでいる部分をもう少し伸ばせれば、結果がすぐ出るだろうと思うことでしょう。

でもそこは我慢です。**尖った部分が徐々に成長して、やがて石全体を大きくするのを待ちましょう。**

まとめ

長所を伸ばす練習はモチベーションが下がりにくい

モチベーションを下げない怒り方のコツ

僕が選手とのコミュニケーションで、特に気をつけているのが怒り方です。これは諸刃の剣で、使い方を間違えるとモチベーションを下げ、選手との信頼関係を傷つけてしまうこともあります。

怒るときにもっとも重要なことは、**自分の感情まかせにならないということです。**感情で怒ってしまうと、こちらの伝えたいことのほぼ100%が彼らに届きません。

子どもにとって怒っている大人というのは、僕らが思っている以上に怖い存在です。おっかない顔をして、大きな声と強い言葉で付け入る余地がない。
怒られたほうは「怒られている」という事実だけが強く残ります。そんなとき、小中学生の子どもたちは、残念ながら怒られている理由なんてこれっぽっちも分かっていません（笑）。

これは大人でも同じことが言えます。毎回感情的に怒られていたら、「この人は自分のことが嫌いなんだ」とか、「威圧的だから嫌だ」という気持ちが先立ってしまうでしょう。

そうすると**伝えられた内容が自分にとって的確なアドバイスだったとしても、それを頭に残すのは難しくなってしまいます。**

例えばラウンド中にふざけていたり、他人の邪魔をしてしまった子がいたとします。ラウンドで楽しむことが目的だったり、「レッスンでのラウンドは真剣にやるべき」ということが理解できない子は仕方ありません。

でもそうではない段階にいる子には、時に怒らなければなりません。

そこで気をつけたいのが、**最初にこちらが「怒っている理由」を説明するということです。**

それをしなければ、大半の選手は「スコアが悪かったから」とか「事前の目標が達成できなかったから」という理由で怒られているものだと思い込んでしまいます。

だから「このラウンドは各ショット、自分のプレーに集中することを目標にしていたのに、それをせず同伴者とふざけていたから怒っているんだ」ということを話の冒頭で伝えます。

それを怠ると「楽しいからやってみた↓怒られた↓つまらない↓取り組みのやる気低下」という思考に、陥ってしまうでしょう。


もちろん僕だって、毎回こんなに冷静に賢者のようにコミュニケーションができているわけではありません。時には強く言ってしまうこともある。特に子どもと一緒に過ごす時間が長い親御さんは、条件反射的に怒ってしまうこともあるでしょう。

でも**そのトーンで話をしたら、相手はどう受け止めるかを一度考えてから「怒る」という手段を使ってみてください。**

まとめ

怒られている理由を理解をすればその先の気づきの到達も早くなる

負け癖メンタルの回避方法

教える立場の人に、失敗をたくさんさせてくださいと伝えると、**失敗が続くと負け癖がついたり、「どうせやっても上手くならない」と卑屈になったりしないのか、と聞かれることがあります。**

ずばり、失敗が続いて負け癖がつく人はいます。

では失敗して負け癖がつかない人との差はなにか。それは準備してきた時間や練習量の差です。

練習を熱心にやっている選手は、失敗が続いても「このぉ、クッソォ！！！」

と激しく悔しがるものの、それが失敗の原因分析や次への取り組みにつながるため、モチベーションが低くなることはありません。

卑屈になってしまう選手は、そこまで本気になれてはいません。「悔しい」と口にするかもしれませんが、言っているだけの場合がほとんどです。言葉に出しているほど、気持ちはやられていないでしょう。

そんなときに、練習するよう促したり上達するよう技術的な答えを与えても、成長にはつながりません。

負け癖くんは、放っておくに限ります。どこかでスイッチが入るのを待つんです。

それが遅いか早いかは個人差があります。遅いと親や上司は焦ってしまい、手を差し伸べたり、叱責したりしますが、それではスイッチは入りません。

遅くてもそれはタイミング次第。その子の人生で、どこでスイッチが入るかはコントロールできません。

プロを目指している選手が、スイッチが入るのが遅くてプロゴルファーになれなかったとしても、**次にどこかで「あの時スイッチが入らなかったからダメだったんだ」と思ってアクセルを踏めるようになる。**

その経験が大事なのです。

周りがあの手この手でサポートして、たとえプロゴルファーになれたとしても、スイッチを入れられない状態では、その道で活躍するのは難しいでしょう。ゴルフをやっているからといって、プロゴルファーとして成功することが絶対の幸せではないし、もしプロゴルファーになれたとしてもモチベーションの維持は難しく、悲壮感に満ちた人生になってしまいます。

少し放っておいたときスイッチが入る予兆がなければ、**ちょっと頑張ればすぐにクリアできる課題を出すのもよいでしょう。**

そうして小さな成功体験で負け癖を徐々に上書きしていくと、意外と早くスイッチが入ることもあります。

まとめ

上達したい気持ちがあれば負け癖はつかない

コーチだからといって上から目線ではなく、選手と同じ目線になって会話をすることを心がけている

Chapter 8

今日からすぐに使える
コーチと選手の
実践コミュニケーション

考えや思いを言葉に出してみる

最後の章では、実際にコーチングを行うための具体的な方法を紹介したいと思います。

教え子が自主的に成長する指導法を取り入れてみたいというコーチやマネージャー、親御さんがすぐに使える内容を挙げてみました。また誰かに指導を受けているけれど、上達や成長を実感できないという人のヒントにもなる内容なので、ぜひ実践してみてください。

コーチの役割は、選手の能力を引き出すことです。だから**コーチは彼ら以上**

に彼らのことを理解し、把握しておかなければなりません。

そのためには日ごろから、選手自身が自分の考えを話しやすい環境を作っておく必要があります。

例えば僕は小学生の教え子に、学校のこととか流行っているもの、仲のいい女の子は？　なんていう話をよくします。

最初からゴルフの話をしてしまうと、構えてしまったり、杓子定規なやり取りになりがち。だからまずは**彼らが話しやすい話題にして、頭の中の情報を言葉にして伝えることに慣れてもらうのです。**

話をするときは、その時どう思っていたのか、なぜそうしたのかという**気持ちの部分をよく聞くようにしています。**

なぜならそれ自体が、選手の自主性を育てるトレーニングでもあるからです。彼らが気持ちを言葉にしようとしているとき、頭の中では自分を客観視しています。この**ちょっと離れた場所から自分を見る能力が、課題発見や問題解決には欠かせません。**

気持ちを言語化できるようになれば、ゴルフのこともちゃんと自分の言葉で話せるようになります。

技術レベルが上がってくると、その日のラウンドでキーになったショットについて、狙いや考え、さらにはどんな気持ちだったかまで言葉にできなくてはなりません。

そうすることでショットが失敗であれば課題が見つかるし、成功であれば次回ナイスショットの確率を高めるカギを発見できるからです。

この言語化をする作業は、プレーをするのと同じくらい重要です。

でも、なかには話をするのが苦手な子もいます。そんな選手には「ゴルフノート」を作ってもらいます。**日ごろから自分の練習や考えをアウトプットする癖がつけば、無理に会話という形式をとらなくても方法は何でもＯＫです。**

話をするのが得意な子もいれば、書くのが得意な子もいる。形を決めずにコミュニケーションをとることが重要です。

まとめ

選手の自主性を育むには気持ちを言葉にする訓練をする

青木流
信頼関係の作り方

選手に自分自身のことを話してもらうためには、信頼関係を築く必要があります。それがないと、どんなにすばらしい言葉も技術も、彼らに届くことはありません。

信頼関係を築くうえで大前提にあるのは、コーチと選手の立場は対等だということです。

コーチは知識があるからエライわけでもないし、年上だから絶対というわけでもない。**コーチと選手は、同じ目標に向かっていくパートナーだという意識**

を持ってください。これがなければ、どんなことをしても、信頼関係を築くことはできないでしょう。

そのうえで僕は選手に信頼をしてもらうため、**まず自分の話をするようにしています**。内容はどんなことでもいいのですが、僕が選手から得たい情報を、まずは自分から話すのです。

例えば、相手の気持ちの部分を引き出したいのなら「今はこんなことを考えているよ」とか、「今日はどんな気分」だとか、そんなことを伝えます。

そのうち「僕はね」という具合で、乗ってきてくれるでしょう。

信頼関係ができ、ゴルフの話を密にするようになったとき、僕が知りたいのは彼らの失敗です。**どんな失敗をなぜやってしまったのか。その時、自分はどう思ったのかを知ることで、成長のきっかけを見つけることができます。**

でも、「失敗してもいいよ」と言っても、選手からはなかなか言い出しにくいもの。だから事あるごとに、僕は自分の失敗を話すようにしています。

「聞いてよ。今朝さ、ボーっとしてたらスマホ落として画面バキバキよ。スパイダーマン仕様になってもうたぁ！」

こんな日常の失敗談を、ちょっと楽しそうにひょうきんに話すのです。

するとこの人も失敗をするのかと、関係性の壁が取り払われ、さらに失敗は人に話してもいいんだということまで伝えられます。

ポイントは努めて明るく伝えること。

大人になるほど、失敗を披露するのは難しいものです。**尊敬をされたいと思っている上司や親御さんほど、なかなか言い出しにくいかもしれません。**

でも信頼関係を築き、かつ失敗をしやすくする環境を作るにはこれが一番。

まずは子どもや部下の前で、「こんなことをやっちゃってさ」と、小さな失敗から話をしてみてください。

その失敗を笑ってくれれば、近いうちに彼らからも失敗の話が出てくるようになるでしょう。

まとめ

失敗の話が信頼関係を強くする

距離を縮める ちょっとしたテクニック

話をする以外にも、ちょっとしたことで距離感を縮めることができます。例えば食事。選手が試合の時はコーチの僕も同行して、一緒に食事をとることがあります。これは選手と距離を縮める絶好のチャンスです。

僕は気になっている選手がいるとしたら、その子ともう1人、仲のいい子を誘って3人で出かけます。2人だと向こうがかしこまってしまうし、大人である僕は権威的な存在として見られることもあるので、**リラックスして話ができるよう仲のいい子も一緒に誘うのです。**

「仲のいい友だち」は、その子を知るうえで重要な存在です。僕の知らない子どもたちのコミュニティでの様子や役割を知ることができるからです。また、**家庭や親との関係などコーチには話しにくいことでも、よく知っています。**

元気がなかったり普段と様子が違うとき、「仲のいい友だち」に聞くと、その原因がわかったりするのです。

さて、レストランでテーブルに着いたら、**僕は距離を縮めたいと思っている子の隣に座るようにしています。**

対面に座ると力関係の優劣を意識しがちですが、隣に座ることで暗に対等な関係だということを示せて、フラットに話をすることができるのです。

話す内容はやっぱり、教えている内容（僕の場合はゴルフ）以外のことがオススメ。内面は、ゴルフよりも普段の生活のほうがつかみやすいからです。

特に家、学校、他の習い事など、さまざまなコミュニティを持つジュニアの場合、レッスンで見ることができない面を多く持っています。それらを知るために、ゴルフ以外の話をするようにしているのです。

自分の前で見せる以外の一面を知っておくことで、**その子がどんな言葉に反応するのか、頑張れる動機はどこにあるのかを把握することができるのです。**

例えば仕事で部下がふさぎ込んでいたとして、その要因が仕事かどうかはわかりません。実はプライベートで問題があったかもしれないし、家庭が原因かもしれない。そうしたときに適切な言葉をかけてあげられるよう、普段から部下や教え子のことを把握し理解しておかなければならないのです。

距離を縮めることとは関係ありませんが、「仲があまりよくない子」の存在も知っておくと役に立つでしょう。僕はしばしばその子を仮想ライバルとして使わせてもらうことがあります。

「お前がやってる課題、この前、○○がサクッと終わらせとったで」

「それまだできんのか。そういえば○○はもうできとったな」

こんな具合に、名前を拝借させてもらうと、負けず嫌いな子どもは必死になって取り組むことがあります。

まとめ

教え子を知るために周りの人間関係も把握しておく

子どもの気づきを生む「でも」の魔力

子どもや部下に教えるのをやめ少したつと、自分の頭で答えを考えそれを質問しにくるようになるでしょう。

でもガンガン聞きに来るわけではありません。だいたい質問があるのは１コマのレッスンで２回くらい。

「○○って、こういうことですか？」

「そうそう、そういうことだよ。よく分かったね」

こんな感じです。

だから、教え子がガツガツ聞いてこなくても安心してください。僕のレッスンでも、そこまで前のめりになっている子はいませんから（笑）。ただ彼らは頭の中で、一生懸命に考え答えを模索しています。

もちろん経験の少なさから、導き出した答えが間違えていることもあります。そんな時でも、**まず彼らの考えを最後まで聞いてあげましょう。一生懸命に考えた答えを、いったん受け止めるのです。**

そのうえで「でもね」と、正しい方向へ導くヒントを出してあげます。

「でもね、もっとこうしたら○○になるんじゃない？」
「でも、○○ってことはない？」

彼らの主張を受け止めて、方向転換ができる「でも」は、とても便利な言葉です。

「でも」を言われた側は、自分の意見が採用されつつコーチの見識という裏付けも得られるので、自信をもってチャレンジすることができます。

一方で、ちゃんと否定をしてあげなければならないこともあります。それはやらなきゃいけないことをすっ飛ばして、選手がわがままを言っているときです。

例えばやろうと決めた課題を、自分のわがままで変えてしまっていたら、それは違うとはっきりと伝えなくてはなりません。

自主性を育てることと、放任主義は似て非なるものです。

コーチは選手たちの能力や成長段階を把握し、常に適切な気づきが生まれるよう環境を整えなくてはなりません。

方向性がズレていたら修正を促す。自主性を大事にしながらもコーチはサポートを怠ってはいけないのです。

教えないというのは、放置することではありません。口を出すことは少ないかもしれませんが、しっかり見守ることを忘れないでください。

まとめ

まずは選手の考えを聞く
修正するのはその後

「褒める」の上手な使い方

教育や子育てでよく聞く「褒めて伸ばす」という言葉。

褒めることは必要ですが、何でもかんでも**褒めれば伸びるというわけではありません。**

もちろん褒めることで、やる気が出たり自信につながることはあります。でも褒めるだけでは、失敗や課題に気づきにくくなってしまうというデメリットもあります。

だから**僕はここぞというときにしか褒めません。**ことあるごとに良い部分を見つけて褒めていたら、選手はそのうち褒められ慣れて、たいして喜びを感じなくなってしまうでしょう。いくら年齢が小さくても、選手は馬鹿ではないのです。

コーチは成功を認めることよりも、課題を探すほうに注力しなければなりません。

例えば、全国優勝を目指す教え子が地方大会に出て、最終日「69」の好スコアを出し優勝したとしましょう。ただ順位は1位でしたが、パー5でボギーが1つあった。

僕はこの子を褒めません。

「全国で優勝をしたいのに、肝心の最終日、パー5でボギーを打っていて勝てるのかよく考えてみろ」と言わなければなりません。

厳しいかもしれませんが、彼が目指しているものを考えると、スコアを伸ばさなくてはいけないホールでボギーを叩いてしまった要因を、しっかりと見つめ直す必要があるからです。

一方でゴルフを楽しく上手くなりたいというジュニアが「90」を打っても楽しそうにしていれば、「よく振ったね、楽しく回れてよかったね」と褒めるでしょう。

それは彼らが目指しているもの、手に入れたいものが違うからです。

コーチはこのように選手のレベルに応じて、コミュニケーションを柔軟に変えなければなりません。一概に「褒める」と決めてしまうと、マッチする選手とそうでない選手が出てきてしまうでしょう。

ちなみにこれは経験則ですが、小中学生のジュニアには「褒める」ことよりも、「負けることの回避」や、「ご褒美」のほうが効果大です。

子どもは基本的に負けず嫌いです。ゲーム形式の練習をすると負けることを極端に嫌がるので、信じられない集中力と執念をもって取り組みます。

また、「これができたら○○」という**ご褒美も大好きです**。僕はよくご褒美に、みんな大好き、焼肉を使います（食べるのもトレーニング！）。

選手が夢中になるものは何か。普段からそれを把握しておくと、彼らのやる気スイッチを押しやすくなるでしょう。

まとめ

選手の目標が達成されたときに褒める

さまざまなコミュニケーションの取り方

僕はレッスンを極力、少人数で行うようにしています。練習レンジに並んでもらい、端から順番に見ていくスタイルもやってみたことがありますが、一人一人をチェックする時間が足らずに、結局、少人数のレッスンに行きつきました。

少人数での対面のレッスンは、生徒の状態をしっかりと把握することができます。

選手の状態や能力を細かく把握する必要があるコーチングでは、マンツーマンに近いレッスンとの相性が非常に良いのです。

一方で、多くの教え子と顔を合わせる時間自体は減ってしまいました。

またトーナメントの時期になれば、教えているプロの状態をチェックするため会場に行くことも増えます。するとますます、多くの教え子たちの状態をチェックするのが難しくなってしまうのです。

そこで活用しているのが、ＬＩＮＥなどのｗｅｂを使ったコミュニケーションです。

レッスンの間隔が開くジュニアや、試合に帯同できない時のプロとは、できる限り密にやりとりを行います。

内容は「今こんな状態」というヘルプや、練習内容の相談などなど。僕から出していた課題の抜き打ちチェックなんていうことも行います。

ＬＩＮＥでのコミュニケーションのポイントは2つあります。

1つは、**常に扉をオープンにしておくこと。**

選手には「どんなことでも連絡してきて」と伝えています。気軽に連絡できる関係を作っておくことで、些細な変化を見逃しにくくなるのです。

もう1点は、**選手の悩みに先回りできるよう、普段の観察を欠かさないこと。**結果を予測しておけば、選手が目の前にいなくても、適切なアドバイスをすることができます。

昨シーズンのバンテリンレディス、初日で最下位だったしぶこから「どうしたらいいですか」と、電話がありました。でも、この苦戦は想定内。そうなったとき、彼女が「失敗の理由」を探し、それを修正することも予想していました。だから、何も変えずいつも通りプレーするよう伝えたのです。

結果、翌日に「66」を出し予選を通過。選手をよく見て2手3手先を読めるようになれば、対面の機会が減っても的確な助言をすることができるのです。

まとめ

対面以外でもコーチングは可能

相手はすぐに変わらない
変えられるのは自分だけ

教え子は自分を映す鏡です。特に一緒に過ごす時間が長い親子の場合は、親の影響を如実に受けます。

だから**彼らを変えたければ、まず自分が変わることを意識してください。**

例えば、結果が出なかったり壁にぶつかってしまったとき、自分以外のせいにしてしまう子が多くいます。

「今日は風が強かったから」

「頑張ったのに、相手が強かった」

このように自分と向き合わず、外側に要因を求めていては、課題を見つけて成長することは難しいでしょう。

そんな時、教える立場の人は、まず普段の自分の言動を思い返してみてください。

思い通りにいかなかったとき誰かのせいにしたり、考え方の違う人を非難したりしていませんか？

そういったことを教え子はちゃんと見ています。

彼らとのコミュニケーションを変えるだけでなく、**普段の言動から自分を変える覚悟を持たなければ、彼らも変わってはくれないでしょう。**

また教える立場であっても、教え子たちに結果を求めすぎてはいけません。

彼らはコーチや親の操り人形ではないからです。

どんなに幼かったとしても、一人の独立した人間です。彼らの将来を、僕らが勝手に抱く夢で染めてはいけません。

選手や子どもが進みたい方向に伴走をしてあげるのが、コーチや親の役割で、その手法の一つがコーチングです。

僕らの夢を彼らに押しつけたり、それを叶えるために彼らを利用してはならないのです。

さて、僕がこれまで実践をしてきたコーチング、いかがでしたか。

明日から全部を実行するのは、なかなか難しいかもしれません。でも、これまで10教えていたものを8に抑えて、2だけ教え子に考えてもらう。

これくらいならできる気がしませんか？

人生はトライ&エラーです。**まずは教える側が変化するトライをしてみてください。そうすれば、教わる側もトライをするようになるでしょう。**

そしてちゃんと、エラーをさせることも忘れないでください。トライさせたけど、エラーをしてほしくないというのは教える側のエゴ。

トライとエラー、どちらも成長につながる大事な要素なのです。

まとめ

コーチはトライする姿勢を背中でも見せる

教えない指導者同士のコーチング対談

吉井理人
×
青木　翔

吉井理人
MASATO YOSHII

千葉ロッテマリーンズ 投手コーチ

日米7球団で活躍後、ソフトバンクや日本ハムのコーチを務め、大谷翔平やダルビッシュ有、現在は佐々木朗希の指導にあたる。筑波大学大学院でコーチング論も研究、2019年より現職

以前、ふと立ち寄った書店でタイトルに惹かれ〝ジャケ買い〟した本があります。

それが大リーグでも活躍された吉井理人さんの『最高のコーチは、教えない。』です。教えられている種目は違えど、同じコーチとしてとても参考になり、ずっとお会いしたい人の1人でした。

そんな吉井さんにお時間をいただき、コーチングについて対談することができました。

天才は自分のことを俯瞰して見る能力に長けている

青木　著書を拝見して、実践されていることが自分の考えととても近く、勝手にシンパシーを感じて参考にもさせてもらっています。そして今、メチャメチャ緊張しています（笑）。

吉井　ありがとうございます。他のスポーツですけど共感してもらっていると聞き、お会いできて嬉しいです。この本、我ながらすごいタイトルだと思ってます（笑）。でも、まったく教えないわけじゃないんですけどね。

青木　そうですよね。僕自身も「教えない」とは言いますが、正確には「答えを教えない」ということなんです。言われたことだけをやっている選手は、成長の限界があるなと。

吉井　**「答えを教えない」というのは、人の成長をサポートするのにもっとも重要なことかもしれません。**相手が子どもであろうとプロスポーツ選手であろうと、会社で部下に対する時もきっとそう。

青木　僕らは常に付きっきりにはなれないから、選手はフィールドに出れば自分の頭で考えなくてはいけない。自ら課題を見つけて、それを解決するためにトライ＆エラーをするというのが、最強の成長サイクルだと思っています。

吉井　そのサイクルに乗れば、コーチが教えることは本当に減ってきます。ダルビッシュは僕がコーチを務めたときには、すでにそれができあがっていた。技術面はもちろんですが、**自分を俯瞰して課題を見つけて最適な解決法を導き出す。天才だと思いました。なので彼にはほとんど教えなかった。**渋野プロもそうですか？

青木　いやいやいや。あいつは全然（笑）。でも、ラウンドが終わるとその日の内容をきちんと覚えていて、明確に答えられてました。だから「じゃあ、あのミスではどうすべきだった？」と**自分で答えを出せるように、とにかくコミュニケーションを取りましたね。**もうラウンド後はスーパー質問攻めです（笑）。

吉井　選手の成長を促すコーチングの基本はコミュニケーション。選手の考えを聞き出し、それを修正していくことが僕らの仕事です。手間だし時間もかかりますが、それを省くと後で大変なことになってしまいますからね。

自分の能力を把握し その中で最善の手を 考えられるか

青木　「教えないこと」について具体的な話をすると、しぶこはアプローチのバリエーションが少ない。だから日本女子プロゴルフ選手権でラフにかなり苦しめられたんですけど「打てないなら諦めろ」と言いました。一見すると放置ですが、**「自分に足らないもの」と「通用しない時にどう対応するか」に気づいてほしかったんです。**

吉井　みんなゲームではいい結果を出したい。でも、絶対に実力以上のものは出ないんです。だから、**自分の技術の引き出しには何が入っているか把握をして、試合ではその引き出し以外開けないようにしないといけません。**

青木　持っている技術でベストなパフォーマンスを出す癖をつけておかないと、新しい技術が加わったときに使いこなせないですからね。

吉井　というのを頭では分かっていても、自分のゴルフでは、林の中から狭い隙間を狙っちゃうんですけどね（笑）。

青木　僕が吉井さんのコーチをやりますよ！（挙手）。でも試合前に何か伝えて上手くなるなら、日ごろからやるっていう話です。だけど教えている人だって結果を出してほしいから、ついプラスαの指導をしてしまいがち。

体の動きを教えることの弊害

吉井　試合前、一番良くないのは「体の動きに関する指導」をすることです。「もう少しひじを高く上げてみろ」とか「左足の位置を修正しろ」とか。**動作のことを言われた選手は、意識が自分の内側に向いてしまいます。**

青木　逆に体が動きにくくなるんじゃないですか？

吉井　そう。**野球もゴルフも自分から始動をするスポーツです。自分の内側、つまり体に意識があると、今まで自然に動いていた部分も動かなくなってしまう。**

青木　僕は試合前やラウンド中は、選手の意思を後押しする言葉をかけます。「いいよ！」「行ってこい！」。そんな感じ。しぶこが全英女子オープンで勝ったときもキャディをしていましたが、僕は彼女が決めた選択を応援していただけです。

吉井　そういった言葉は自信につながりますからね。あとイメージを伝えることもいいですね。例えば「糸を引くようなボールを投げろ」とかもっと抽象的な言葉だと「スバババンと行け」とか。**そうすると意識が外に向き、体がそれを出すための動きになるんです。**

教えてしまうのは楽
コーチングは
手間と時間がかかる

青木　選手と自分の表現を近づけるためには、やっぱりコミュニケーションですか？

吉井　あとは観察ですね。**まずは彼らを知ること。能力や悩みを把握しておけば、どこに導けばいいのか、そのためにはどんな言葉がいいのかが分かってきます。**でも、その答えは伝えません。彼らが自分で気がつくことが大事です。

青木　選手とのコミュニケーションでは何に気をつけていますか？

吉井　まず聞くということですね。間違っていると分かっていても、一度主張を受け止める。よし、お前の言うことは分かった、やってみろと。それで失敗をしたときに、振り返ればいいんです。なぜ失敗したと思うかって。

青木　僕、**失敗ってすごく大事だと思ってるんです。**もう選手が失敗すると笑っちゃう。「お前やったなぁ！」って。

吉井　それはすごい。野球選手ならキレるやつも出てきそうだ（笑）。

青木　笑うっていうのは馬鹿にしているわけじゃなくて、失敗してへこんでほしくないっていう思いがあります。失敗すると誰もがしょげる。だからそれを消すために笑うんです。あとは**失敗をすると、絶対にそこから得られるものがある**。その成長のきっかけをつかんだんだから嬉しいだろって。みんなには、もっと失敗をいいことととして捉えてほしいんですよね。

吉井　これまでティーチング、つまり技術を教えていた人たちがコーチングに取り組もうとすると、とても難しいものに感じるかもしれません。でも、基本的には**選手の話を聞き観察して、彼らの気づきを生み出してあげるということだけです。**

青木　我慢が必要ですよね。選手は思った通りのことをしないですから。時間もかかる。でも自ら課題を発見してそれを解決できるようになれば、**その思考方法はスポーツ以外でも役に立ちます。選手としてのキャリアなんて人生のほんの一時にすぎませんから。**

吉井　プロ野球も選手寿命が短い。だから選手として大成しなくても、その考え方は身につけてほしいですね。

この対談は、週刊ゴルフダイジェスト２０２０年1月28号の記事に加筆、再構成したものです。

あとがき

僕がコーチを始めた8年前は、コーチングの情報を今ほど簡単に手に入れることができませんでした。

ことゴルフに関しては、レッスン書はたくさんあったのですが、**多くは技術を解説したものので、その技術を選手に届ける方法は探し出すことができませんでした。**

だから僕は、どうしたら選手が自身の力で成長することができるのかを、レッスンの中で試行錯誤していったのです。

トライ＆エラーを繰り返すうちに、だんだんとコーチングというものが実感として理解できるようになってきました。

と同時に、ジュニアだけでなく、プロやアマチュアの指導でも使うことができたら、彼らの成長の手助けになるのではないかと考えるようになったのです。だから、その経験をまとめた本書は、できるだけ簡単にわかりやすく伝えることを意識しました。

パラパラとめくってもらえれば、どこのページにもすぐに取り組めるエッセンスが散りばめられているはずです。

この本を読み、町中の練習場や部活動で昨日までガンガン教えていた人が、教え子に「お前はどう思うのか言ってみろ」なんていうコミュニケーションを取ってくれるようになったら、こんなに嬉しいことはありません。

僕もはじめは手探りでした。だから最初は少しずつでもＯＫです。**今までの教え方に加える、ちょっとしたスパイスだと思って使ってみてください。**

教えるほうも教わるほうも、怖いのは「固定観念」です。

「今までこうやってきた」とか「常識ではこう言われている」という考え方は、結果が出ていない状況ではほとんど何の役にも立ちません。

昔は使えたものでも、時代や道具、そして人が変化する中で、通用しなくなってしまうことは多々あります。

クルマに分厚い地図を積まなくなったように、急用でも緑の電話ボックスに駆け込まなくなったように、時代が変われば道具が変わり、やり方も変わってくるのです。

だから、僕も常に変わろうと思っています。

「固定観念」を持っていると、その価値観を押しつけるような指導しかできなくなってしまうからです。

どうしたらもっと良くなるのか考えるのは、選手だけではありません。教える側のコーチや上司、親御さんも常に変化を恐れずチャレンジをしていきまし